AF198004

Die Erfindung des Bieres

Tradition, Gährung und Reinheit

Eine Betrachtung

von

Lutz Spilker

DIE ERFINDUNG DES BIERES – TRADITION, GÄHRUNG UND REINHEIT

Bibliografische Information der Deutschen Nationalbibliothek:
Die Deutsche Nationalbibliothek verzeichnet diese Publikation in der Deutschen Nationalbibliografie; detaillierte bibliografische Daten sind im Internet über http://dnb.dnb.de abrufbar.

Softcover ISBN: 978-3-384-23395-0
Ebook ISBN: 978-3-384-23396-7

© 2024 by Lutz Spilker
https://www.webbstar.de
Druck und Distribution im Auftrag des Autors:
tredition GmbH, An der Strusbek 10, 22926 Ahrensburg, Germany

Inhalt

**Bier ist der Beweis,
dass Gott uns liebt und will,
dass wir glücklich sind.**

Benjamin Franklin

Benjamin Franklin (* 6. Januar (jul.) / 17. Januar 1706 (greg.) in Boston, Province
of Massachusetts Bay; † 17. April 1790 in Philadelphia, Pennsylvania)
war ein amerikanischer Drucker, Verleger, Schriftsteller, Naturwissenschaftler,
Erfinder und Staatsmann.

Vorwort

In den dunkelsten Ecken unserer Geschichte, verborgen unter dem Schleier der Zeit, liegt die Ursprungsgeschichte einer der bedeutendsten Erfindungen der Menschheit: das Bier. Wer hätte gedacht, dass ein einfaches Getränk die Kraft besitzt, Kulturen zu formen, Gesellschaften zu einen und Epochen zu definieren? In diesem Buch nehmen wir Sie mit auf eine faszinierende Reise durch die Zeitalter, um die geheimnisvolle Entstehung des Bieres und seine prägende Rolle in der menschlichen Zivilisation zu enthüllen.

Die Reise beginnt in einer Zeit, in der die Welt noch jung war, die Menschheit gerade erst begann, sich sesshaft zu machen und die Landwirtschaft zu entdecken. Es war die neolithische Revolution, die die Grundsteine für das legte, was wir heute als moderne Gesellschaft erkennen. Doch mit der Sesshaftigkeit und dem Aufkommen von Getreide wuchs auch das Bedürfnis nach Nahrungskonservierung und neuen Formen des sozialen Zusammenhalts. Hier, in diesem fruchtbaren Nährboden, wurden die ersten Samen für die Erfindung des Bieres gesät.

Die Geschichte nimmt den Leser mit auf eine Reise zu den uralten Hochkulturen Mesopotamiens, wo die ältesten schriftlichen Aufzeichnungen über die Bierherstellung gefunden wurden. Tontafeln, datiert auf 4000 v.Chr., preisen ein göttliches Getränk, das nicht nur als lebenserhaltend, sondern auch als rituelles Opfer an die Götter genutzt wurde. Die Sumerer hatten sogar eine Göttin des Bieres, Ninkasi, deren Hymnen Rezepte für die Bierproduktion enthielten, eingebettet in Verse, die während religiöser Zeremonien gesungen wurden.

Aber Bier war nicht nur ein spirituelles Element; es war auch ein sozialer Gleichmacher und ein Mittel der Gastfreundschaft. In den Gasthäusern des alten Ägyptens, etwa, wurde Bier in großen Mengen an die Bevölkerung ausgegeben, förderte Gemeinschaft und brachte Menschen diverser sozialer Stände zusammen. Auch bei den alten Germanen und Kelten spielte Bier eine zentrale rituelle und soziale Rolle, beschrieben in Epen und Legenden, wie sie von Barden über Generationen hinweg überliefert wurden.

Das Buch bietet ebenfalls einen Einblick in die dunklen Zeitalter Europas, wo Klöster die geheimen Rezepte des Bierbrauens bewahrten und verfeinerten. In diesen heiligen Hallen wurde Bier nicht nur als Nahrungsquelle, sondern auch als medizinisches Elixier angesehen. Die Mönche verstanden die Kunst des Brauens so zu perfektionieren, dass selbst die Biersorten, die wir heute kennen und lieben, ihre Wurzeln in diesen alten Rezepturen haben.

›Die Erfindung des Bieres‹ beschreibt nicht nur die historische und kulturelle Bedeutung des Bieres, sondern auch seine wissenschaftliche und wirtschaftliche Entwicklung. Von den alchemistischen Versuchen mittelalterlicher Brauer bis hin zur industriellen Revolution, die die Bierproduktion in Massenproduktionsprozesse überführte – jedes Kapitel enthüllt ein neues Stück des Puzzles, wie Bier die Welt, wie wir sie kennen, geformt hat.

In diesem umfangreichen Werk werden Leser nicht nur spannende Anekdoten, tiefe historische Einsichten und faszinierende wissenschaftliche Fakten finden, sondern auch eine Hommage an das Bier als eine der großartigen Erfindungen der Menschheit. Von den antiken Ritualen bis zu den modernen Craft-Beer-Brauereien, ›Die Erfindung des Bieres‹ bietet einen unwiderstehlichen Blick auf die Magie und das Mysterium eines Getränks, das die Welt veränderte.

Einführung: Die Bedeutung des Bieres

Bier – ein Getränk, das seit Jahrtausenden getrunken wird und eine zentrale Rolle in der menschlichen Geschichte spielt. Schon in den frühesten Tagen der Zivilisation war Bier mehr als nur ein Getränk. Es war ein Symbol für Gemeinschaft, Kultur und Fortschritt. Um die Bedeutung des Bieres in der menschlichen Gesellschaft vollständig zu erfassen, müssen wir tief in die Geschichte eintauchen und die vielfältigen Rollen erkunden, die Bier über die Jahrtausende hinweg gespielt hat.

Bier als Katalysator für die Zivilisation

Die Entstehung des Bieres ist untrennbar mit der Entwicklung der Landwirtschaft verbunden. Als frühe Bauern begannen, Getreide anzubauen, entdeckten sie zufällig, dass fermentierte Getreidekörner ein berauschendes Getränk hervorbrachten. Diese Entdeckung war nicht nur ein Glücksfall für die Genießer der damaligen Zeit, sondern auch ein entscheidender Faktor für die Sesshaftwerdung des Menschen. Die Produktion von Bier erforderte den Anbau und die Lagerung von Getreide, was wiederum stabile Gemeinschaften und den Bau von Siedlungen förderte. So wurde Bier zu einem der ersten Produkte, das die Menschen aus dem Nomadentum in eine sesshafte Lebensweise führte.

Bier in religiösen und sozialen Zeremonien

In vielen alten Kulturen spielte Bier eine zentrale Rolle in religiösen und sozialen Zeremonien. Die Sumerer, eine der ersten Hochkulturen, die Bier brauten, verehrten die Göttin Ninkasi, die als Schutzpatronin des Bieres galt. Ihre Hymne an Ninkasi ist nicht nur ein religiöser Text, sondern auch eines der ältesten erhaltenen Bierrezepte. In Ägypten wurde Bier sowohl als Opfergabe an die Götter verwendet als auch als Bezahlung für Arbeiter, die an den großen Bauprojekten wie den Pyramiden beteiligt waren. Bier war mehr als nur ein Getränk – es war ein wesentlicher Bestandteil des religiösen und wirtschaftlichen Lebens.

Bier und Gemeinschaft

Im Laufe der Geschichte diente Bier als ein wichtiger sozialer Katalysator. Das gemeinsame Trinken von Bier stärkte die Gemeinschaftsbindung und förderte den sozialen Austausch. In mittelalterlichen Dörfern und Städten war die örtliche Brauerei oft ein zentraler Treffpunkt, an dem Menschen zusammenkamen, um Geschichten zu teilen, Neuigkeiten auszutauschen und das Gemeinschaftsleben zu genießen. Bierhallen und Tavernen wurden zu Orten der Geselligkeit und der politischen Diskussion, wo Entscheidungen getroffen und Allianzen geschmiedet wurden.

Bier und Gesundheit

Interessanterweise wurde Bier in vielen Kulturen auch als gesundheitsförderndes Getränk angesehen. Im Mittelalter war das Trinken von Bier oft sicherer als das Trinken von Wasser, da der Brauprozess viele Krankheitserreger abtötete. Bier lieferte auch wertvolle Nährstoffe und Kalorien, die insbesondere in Zeiten knapper Nahrungsmittelversorgung wichtig waren. Es war ein Grundnahrungsmittel, das den Menschen half, Mangelzeiten zu überstehen.

Die kulturelle Vielfalt des Bieres

Die kulturelle Bedeutung des Bieres zeigt sich auch in der unglaublichen Vielfalt an Biersorten und Brautraditionen, die sich weltweit entwickelt haben. In Belgien beispielsweise gibt es eine lange Tradition der Lambic-Biere, die durch spontane Fermentation hergestellt werden und einen einzigartigen Geschmack haben. In Deutschland hat das Reinheitsgebot die Bierkultur geprägt und zu einer Vielzahl von Biersorten geführt, die für ihre Qualität und Reinheit bekannt sind. In Großbritannien und Irland sind die Pubs und ihre Bierkultur fest in der Gesellschaft verankert. Jede Region und jede Epoche hat ihre eigenen Brautraditionen entwickelt, die das Bier zu einem Spiegel der jeweiligen Kultur machen.

Bier in der modernen Gesellschaft

Auch heute noch spielt Bier eine wichtige Rolle in der Gesellschaft. Die Craft Beer Bewegung hat das Interesse an handwerklich gebrauten Bieren wiederbelebt und zu einer neuen Wertschätzung für die Kunst des Bierbrauens geführt. Kleine Brauereien auf der ganzen Welt experimentieren mit neuen Zutaten und Techniken und tragen dazu bei, die Bierlandschaft ständig weiterzuentwickeln. Gleichzeitig bleibt Bier ein Symbol der Geselligkeit und des Feierns, das Menschen über kulturelle und soziale Grenzen hinweg verbindet.

Zusammenfassung:

Die Bedeutung des Bieres in der menschlichen Geschichte kann nicht hoch genug eingeschätzt werden. Von den ersten landwirtschaftlichen Gemeinschaften über die religiösen Zeremonien der Antike bis hin zu den sozialen Treffpunkten der Moderne – Bier hat die menschliche Kultur und Gesellschaft tiefgreifend beeinflusst. Es ist ein Getränk, das nicht nur den Durst stillt, sondern auch Geschichten erzählt, Traditionen bewahrt und Menschen zusammenbringt. Indem wir die Geschichte des Bieres erkunden, werfen wir auch einen Blick auf die Geschichte der Menschheit selbst.

Frühe Anfänge: Die Geburt des Bieres

Die Entdeckung der Fermentation in der Jungsteinzeit markierte einen Wendepunkt in der menschlichen Geschichte. Es war eine Zeit, in der die Menschen begannen, sesshaft zu werden, Landwirtschaft zu betreiben und damit den Grundstein für die Entwicklung komplexer Zivilisationen legten. Innerhalb dieses Wandels entstand zufällig eines der ältesten und beliebtesten Getränke der Welt: Bier.

Die ersten Schritte zur Fermentation

In der Jungsteinzeit, vor etwa 10.000 Jahren, begannen die Menschen in den fruchtbaren Tälern des Nahen Ostens, Getreide wie Gerste und Weizen zu kultivieren. Diese frühen Bauern entdeckten, dass sie aus diesen Körnern eine breiartige Substanz herstellen konnten, die nahrhaft und leicht zu lagern war. Eines Tages bemerkten sie jedoch etwas Überraschendes: Wenn dieser Getreidebrei längere Zeit stehen blieb, begann er, auf geheimnisvolle Weise zu gären und eine berauschende Flüssigkeit zu produzieren. Die Fermentation war entdeckt.

Diese Entdeckung geschah wahrscheinlich zufällig. Vielleicht wurde ein Behälter mit Getreidebrei in einer Ecke vergessen oder absichtlich in Wasser eingeweicht, um es später zu verzehren. Die im Getreidebrei enthaltenen natürlichen Hefen, zusammen mit der Feuchtigkeit und den richtigen Temperaturen, führten zur alkoholischen Gärung. Die Menschen stellten fest, dass diese fermentierte Flüssigkeit nicht nur sicher zu trinken war, sondern auch eine angenehme und berauschende Wirkung hatte.

Die magische Verwandlung

Die frühe Fermentation schien den Menschen wie Magie. Ohne das Wissen der modernen Biochemie konnten sie nicht verstehen, dass Hefen – winzige Mikroorganismen – Zucker in Alkohol und Kohlendioxid umwandelten. Diese mysteriöse Verwandlung wurde in vielen Kulturen als göttliches Geschenk angesehen. So entwickelten sich erste Mythen und Legenden rund um die Entstehung von Bier. In vielen frühen Zivilisationen wurden Götter und Göttinnen verehrt, die mit der Herstellung von Bier in Verbindung standen.

Bier und die ersten Gemeinschaften

Die Fähigkeit, Bier zu brauen, spielte eine wesentliche Rolle in der Entwicklung der ersten menschlichen Gemeinschaften. Bier war nicht nur ein Genussmittel, sondern auch eine wichtige Nahrungsquelle. In einer Zeit, in der sauberes Trinkwasser oft knapp war, bot Bier eine sichere und nahrhafte Alternative. Es enthielt nicht nur Alkohol, sondern auch wichtige Nährstoffe aus dem Getreide. Der Konsum von Bier half den frühen Menschen, in Zeiten der Nahrungsmittelknappheit zu überleben und förderte die Gesundheit durch den Verzehr von sauberer Flüssigkeit.

Die Herstellung und der Konsum von Bier förderten zudem das Gemeinschaftsgefühl. Das gemeinsame Brauen und Trinken von Bier wurde zu einem sozialen Ereignis, das die Menschen zusammenbrachte und die Bindungen innerhalb der Gemeinschaft stärkte. In den frühen Siedlungen war das Bierbrauen oft eine kollektive Tätigkeit, bei der jede Familie ihren Beitrag leistete und vom gemeinsamen Ergebnis profitierte.

Rituale und religiöse Bedeutung

Die Entdeckung der Fermentation und die Herstellung von Bier hatten auch tiefgreifende religiöse und kulturelle Implikationen. Bier wurde oft in rituellen Kontexten verwendet und spielte eine zentrale Rolle in religiösen Zeremonien und Festen. Die Sumerer, eine der ersten Hochkulturen, die das Bierbrauen perfektionierten, verehrten Ninkasi, die Göttin des Bieres. Ihr zu Ehren wurde Bier gebraut und in rituellen Zeremonien konsumiert.

Auch in anderen frühen Kulturen wie Ägypten und Mesopotamien wurde Bier als göttliches Geschenk angesehen und als Opfergabe an die Götter verwendet. Die Fähigkeit, Bier zu brauen, wurde als besonderes Wissen und als Zeichen des göttlichen Wohlwollens betrachtet. Diese religiöse Bedeutung des Bieres trug dazu bei, das Wissen um die Braukunst zu bewahren und weiterzugeben.

Die Verbreitung der Braukunst

Mit der Ausbreitung der Landwirtschaft und der Sesshaftwerdung der Menschen verbreitete sich auch das Wissen um die Fermentation und das Bierbrauen. Handelswege und kulturelle Kontakte zwischen verschiedenen Gemeinschaften ermöglichten den Austausch von Techniken und Rezepten. Bald brauten Menschen in verschiedenen Teilen der Welt ihre eigenen Versionen von Bier, angepasst an die lokalen Gegebenheiten und verfügbaren Rohstoffe.

Die ältesten archäologischen Funde von Bier und Brauutensilien stammen aus Gebieten, die heute im Iran und Irak liegen. Diese Funde belegen, dass bereits vor mehr als 5.000 Jahren Bier gebraut wurde. Die ältesten bekannten Braurezepte, die in Keilschrift auf Tontafeln überliefert sind, zeigen die Raffinesse und Komplexität, die die Braukunst bereits in diesen frühen Tagen erreicht hatte.

Zusammenfassung:

Die Entdeckung der Fermentation in der Jungsteinzeit war ein Wendepunkt in der Menschheitsgeschichte. Sie führte zur Entstehung eines Getränks, das nicht nur den Durst stillte, sondern auch eine tiefgreifende kulturelle und gesellschaftliche Bedeutung erlangte. Bier wurde zu einem Symbol für Gemeinschaft, Überleben und göttliches Wohlwollen. Die frühen Anfänge des Bierbrauens legten den Grundstein für eine Tradition, die bis heute lebendig ist und Menschen auf der ganzen Welt verbindet. Die Geburt des Bieres ist eine Geschichte von

Innovation, Gemeinschaft und kulturellem Reichtum – eine Geschichte, die bis in die frühesten Tage der menschlichen Zivilisation zurückreicht und bis heute fortlebt.

Auf dem Rollsiegel aus der ersten Hälfte des 2. Jahrtausends v. Chr. sind mehrere Personen abgebildet, die mit langen Saugrohren vermutlich Bier aus einem hohen Gefäß trinken. Die Strohhalme hielten Spelzen und Hefeklumpen zurück.

Sumerer und Babylonier:
Die ersten Braumeister

Im Herzen der antiken Welt, in den fruchtbaren Ebenen Mesopotamiens, entstand eine der frühesten und bedeutendsten Hochkulturen: die Sumerer. Hier, zwischen den Flüssen Euphrat und Tigris, entwickelten sie nicht nur Schrift und komplexe Gesellschaftsstrukturen, sondern auch eine der ältesten bekannten Braukünste. Bier spielte eine zentrale Rolle im Alltag und in der Religion der Sumerer und ihrer Nachfolger, den Babyloniern. Die Kunst des Bierbrauens war tief in der Kultur verankert und wurde durch göttliche Verehrung und zeremonielle Praktiken gehuldigt.

Die Kunst des Brauens in Mesopotamien

Die Sumerer gelten als die ersten Braumeister der Geschichte. Archäologische Funde belegen, dass sie bereits vor über 5.000 Jahren Bier herstellten. Die ältesten schriftlichen Zeugnisse über Bier stammen aus sumerischen Keilschrifttafeln, die detaillierte Beschreibungen von Brauverfahren und Bierrezepten enthalten. Ein besonders berühmtes Dokument ist die Hymne an Ninkasi, die Göttin des Bieres. Diese Hymne ist nicht nur ein religiöser Text, sondern auch ein praktisches Rezept, das den Brauprozess beschreibt.

Die sumerischen Brauer verwendeten Gerste und Emmer, eine alte Weizenart, als Hauptzutaten. Das Getreide wurde gemälzt, indem es in Wasser eingeweicht und zum Keimen gebracht wurde. Nach dem Trocknen und Mahlen wurde das Malz in Wasser gekocht, um den Zucker freizusetzen. Dieser süße Sud wurde dann in offenen Gefäßen fermentiert, wobei die natürlichen Hefen aus der Luft die Zucker in Alkohol verwandelten. Das Ergebnis war ein trübes, nahrhaftes Bier, das in Tonkrügen gelagert und oft durch Trinkhalme konsumiert wurde, um die festen Bestandteile zu vermeiden.

Ninkasi:

Die Göttin des Bieres

Die Verehrung von Ninkasi zeigt die tiefe spirituelle und kulturelle Bedeutung des Bieres in Mesopotamien. Ninkasi war die Göttin des Bieres und der Braukunst, und sie wurde als Tochter der mächtigen Gottheiten Enki und Ninti verehrt. Die Hymne an Ninkasi beschreibt nicht nur ihre göttlichen Eigenschaften, sondern auch den gesamten Brauprozess, der als heiliges Ritual angesehen wurde.

In der Hymne wird Ninkasi als diejenige gepriesen, die das Wasser und das Getreide segnet, die Malzproduktion überwacht und den Brauprozess mit göttlicher Kraft unterstützt. Diese religiöse Verankerung des Bierbrauens unterstreicht, wie eng das Bier mit den alltäglichen und religiösen Praktiken der Sumerer verbunden war. Das Bierbrauen war nicht nur eine alltägliche Tätigkeit, sondern ein Akt der Verehrung und Dankbarkeit gegenüber den Göttern.

Zeremonielle Bedeutung und gesellschaftliche Rolle

Bier spielte in der sumerischen Gesellschaft eine zentrale Rolle, sowohl in alltäglichen als auch in zeremoniellen Kontexten. Es war ein Grundnahrungsmittel, das nicht nur Durst stillte, sondern auch wichtige Nährstoffe lieferte. Bier war häufig Bestandteil der täglichen Rationen von Arbeitern, die an den großen Bauprojekten wie Tempeln und Palästen arbeiteten. Diese Praxis setzte sich auch bei den Babyloniern fort, die das Erbe der sumerischen Kultur übernahmen und weiterentwickelten.

In zeremoniellen Kontexten wurde Bier als Opfergabe an die Götter verwendet und spielte eine wichtige Rolle bei religiösen Festen und Ritualen. Tempelbrauereien produzierten große Mengen Bier für religiöse Zeremonien und als Spenden für die Priesterschaft. Diese Brauereien waren oft an Tempelkomplexe angeschlossen und standen unter der Aufsicht von Priestern und Priesterinnen, die als Hüter des heiligen Bieres fungierten.

Das Bier der Babylonier

Die Babylonier übernahmen viele kulturelle Errungenschaften der Sumerer, einschließlich der Kunst des Bierbrauens. Unter der Herrschaft von Hammurabi, einem der bekanntesten babylonischen Könige, wurde das Bierbrauen weiter verfeinert und reguliert. Der Codex Hammurabi, eine der ältesten bekannten Gesetzessammlungen, enthält spezifische Regelungen für den Bierhandel und die Qualität des Bieres. Diese Regelungen unterstreichen die Bedeutung des Bieres in der babylonischen Wirtschaft und Gesellschaft.

Die Babylonier entwickelten auch neue Biersorten und verfeinerten die Brautechniken ihrer Vorgänger. Sie stellten unterschiedliche Biere für verschiedene gesellschaftliche Anlässe her, von einfachen Arbeiterbieren bis hin zu hochwertigen Sorten, die bei Festen und Banketten serviert wurden. Das Bier war auch ein wichtiges Handelsgut, das weit über die Grenzen Mesopotamiens hinaus exportiert wurde.

Zusammenfassung:

Die Sumerer und Babylonier, die ersten Braumeister der Geschichte, legten den Grundstein für die lange Tradition des Bierbrauens, die bis heute fortbesteht. Ihr tiefes Verständnis der Fermentation, ihre Verehrung der Biergöttin Ninkasi und ihre ausgeklügelten Brautechniken zeigen, wie eng das Bier mit ihrer Kultur und ihrem Alltag verbunden war. In Mesopotamien war Bier mehr als nur ein Getränk – es war ein heiliges Elixier, ein gesellschaftlicher Katalysator und ein Symbol für die Kreativität und den Einfallsreichtum der frühen Zivilisationen. Die Geschichte des Bieres in Mesopotamien ist ein faszinierendes Kapitel, das die tiefe und dauerhafte Verbindung zwischen Mensch und Bier aufzeigt.

Bier im alten Ägypten

In der glühenden Hitze des Niltals, wo die jährlichen Überschwemmungen den Boden fruchtbar machten, blühte eine der faszinierendsten Zivilisationen der Menschheitsgeschichte: das alte Ägypten. In dieser reichen und komplexen Kultur spielte Bier eine zentrale Rolle als Grundnahrungsmittel und als Opfergabe an die Götter. Von den königlichen Palästen bis zu den bescheidenen Häusern der Bauern – Bier war ein allgegenwärtiger Bestandteil des täglichen Lebens und hatte tiefgreifende religiöse und kulturelle Bedeutung.

Bier als Grundnahrungsmittel

Im alten Ägypten war Bier mehr als nur ein Genussmittel; es war ein lebenswichtiger Bestandteil der täglichen Ernährung. Die ägyptischen Bauern bauten Gerste und Emmer an, zwei Getreidesorten, die die Basis für ihr Bier bildeten. Der Brauprozess war ähnlich dem der Sumerer, aber mit einigen regionalen Anpassungen und Verfeinerungen. Die Ägypter verstanden es, Bier zu einem nahrhaften und wohlschmeckenden Getränk zu machen, das leicht zu produzieren und zu lagern war.

Die Herstellung von Bier begann mit dem Malzprozess, bei dem Gerste oder Emmer eingeweicht, zum Keimen gebracht und dann getrocknet wurde. Das Malz wurde anschließend grob zerkleinert und mit Wasser vermischt, um den Zucker zu extrahieren. Der süße Sud wurde dann gekocht und in große

Tongefäße gegossen, wo er mit natürlichen Hefen aus der Luft fermentierte. Das Ergebnis war ein trübes, dickflüssiges Bier, reich an Nährstoffen, das eine wichtige Ergänzung zur ägyptischen Diät darstellte.

Für die einfachen Menschen war Bier eine Hauptquelle für Flüssigkeit und Kalorien, insbesondere in den heißen Monaten, wenn sauberes Trinkwasser knapp war. Es war nicht nur sicherer zu trinken als ungefiltertes Wasser, sondern auch reich an Vitaminen und Mineralstoffen, die aus dem Getreide stammten. Bier wurde oft zusammen mit Brot verzehrt und bildete die Grundlage der Ernährung für Arbeiter und Bauern.

Bier und die Arbeiter am Pyramidenbau

Die enorme Bedeutung von Bier als Grundnahrungsmittel wird besonders deutlich in den Berichten über den Bau der Pyramiden. Tausende von Arbeitern, die an diesen monumentalen Projekten beteiligt waren, erhielten regelmäßige Rationen von Bier und Brot. Diese Rationen waren Teil ihres Lohnes und trugen wesentlich dazu bei, die harte körperliche Arbeit erträglich zu machen. Bier versorgte die Arbeiter mit der notwendigen Energie und half, die Flüssigkeitsverluste durch die anstrengende Arbeit in der Wüstenhitze auszugleichen.

Die ägyptischen Herrscher und Beamten sorgten dafür, dass die Bierproduktion in den königlichen Brauereien ständig aufrechterhalten wurde, um die Versorgung der Arbeiter sicherzustellen. Diese Brauereien waren oft beeindruckende Anlagen, die in der Lage waren, große Mengen Bier zu produzieren. Die

Bierproduktion wurde sorgfältig überwacht, um eine gleich-bleibend hohe Qualität zu gewährleisten.

Bier als Opfergabe

Neben seiner Rolle als Grundnahrungsmittel hatte Bier auch eine tiefe religiöse Bedeutung im alten Ägypten. Es wurde re-gelmäßig als Opfergabe an die Götter verwendet und spielte eine zentrale Rolle in den religiösen Zeremonien und Festen. In den Tempeln wurde Bier den Göttern dargebracht, um ihren Segen und ihre Gunst zu erbitten. Diese Opfergaben waren ein wesentlicher Bestandteil des religiösen Lebens und wurden oft von aufwendigen Ritualen begleitet.

Eine der bekanntesten Gottheiten, die mit Bier in Verbindung gebracht wurden, war Hathor, die Göttin der Freude, des Tanzes und der Fruchtbarkeit. Sie wurde oft als Beschützerin der Brauer verehrt, und ihr zu Ehren wurden große Mengen Bier gebraut und geopfert. In einigen Mythen wird Hathor auch als Göttin der Trunkenheit dargestellt, die das Bier benutzt, um die Menschheit zu retten. Eine berühmte Geschichte erzählt, wie Hathor, in einem Anfall von Zorn, die Menschheit zu vernichten drohte. Die anderen Götter brauten riesige Mengen Bier und färbten es rot, um es wie Blut aussehen zu lassen. Hathor trank das Bier, wurde betrunken und friedlich, und so wurde die Menschheit gerettet.

Bier in Festen und Ritualen

Bier spielte auch eine zentrale Rolle in vielen Festen und Ritualen des alten Ägyptens. Während des Opet-Festes, einem der wichtigsten religiösen Feste, das zu Ehren des Gottes Amun in Theben gefeiert wurde, strömten die Menschenmassen zusammen, um zu beten, zu opfern und Bier zu trinken. Die Feierlichkeiten dauerten mehrere Tage und waren geprägt von Festmahlen, Musik, Tanz und dem großzügigen Konsum von Bier. Diese Feste stärkten das Gemeinschaftsgefühl und die religiöse Hingabe und boten den Menschen eine willkommene Gelegenheit, ihre Sorgen zu vergessen und sich dem Genuss hinzugeben.

Auch bei Bestattungsritualen spielte Bier eine wichtige Rolle. In den Gräbern der Pharaonen und anderer hochgestellter Persönlichkeiten wurden häufig Bierkrüge und Brauutensilien gefunden. Diese Beigaben sollten den Verstorbenen im Jenseits versorgen und ihnen den Weg zu den Göttern erleichtern. Die Ägypter glaubten, dass das Bier den Verstorbenen nicht nur Nahrung und Trank bot, sondern auch spirituelle Reinheit und Schutz gewährte.

Zusammenfassung:

Im alten Ägypten war Bier weit mehr als nur ein Getränk. Es war ein Grundnahrungsmittel, das die tägliche Ernährung bereicherte und die harte Arbeit der Menschen erleichterte. Als Opfergabe und Bestandteil religiöser Zeremonien hatte Bier eine tief verwurzelte spirituelle Bedeutung. Diese doppelte Rolle des Bieres als lebensnotwendiges Nahrungsmittel und heiliges Opfer zeigt, wie eng das tägliche Leben und die religiöse Praxis der Ägypter miteinander verwoben waren. Die Geschichte des Bieres im alten Ägypten ist eine Geschichte von Überleben, Gemeinschaft und göttlicher Verehrung – ein Zeugnis für die kreative und spirituelle Energie, die diese großartige Zivilisation auszeichnete.

Bier in der Antike: Griechen und Römer

In der antiken Welt spielte der Genuss von Alkohol eine bedeutende Rolle in den Kulturen rund um das Mittelmeer. Doch während Bier in den fruchtbaren Tälern Mesopotamiens und Ägyptens eine zentrale Rolle spielte, dominierte im klassischen Griechenland und im Römischen Reich der Wein. Die Unterschiede zwischen Bier und Wein in diesen antiken Gesellschaften waren nicht nur geschmacklich und herstellungstechnisch, sondern auch kulturell und sozial tief verwurzelt.

Bier in der griechischen Welt

Im antiken Griechenland war Wein das bevorzugte alkoholische Getränk, während Bier eher als barbarisch und minderwertig angesehen wurde. Die Griechen hatten bereits früh Weinreben kultiviert und die Kunst des Weinbaus perfektioniert. Wein war in Griechenland allgegenwärtig und genoss eine hohe kulturelle und religiöse Bedeutung.

Bier hingegen, das von den Griechen als ›zythos‹ bezeichnet wurde – ein Begriff, den sie von den Ägyptern übernommen hatten – war weit weniger verbreitet. Historische Aufzeichnungen deuten darauf hin, dass Bier in Griechenland hauptsächlich von Fremden und niederen Klassen konsumiert wurde. Es fehlte Bier an der Raffinesse und dem kulturellen Prestige, das der Wein besaß. Griechenland war ein Land der Weinberge, und der Wein war tief in die Rituale und Mythen der griechischen Kultur eingebettet.

Wein:

Das göttliche Getränk der Griechen

Die Verehrung des Weins spiegelt sich in der griechischen Mythologie wider, insbesondere in der Figur des Dionysos, des Gottes des Weins, der Fruchtbarkeit und des ekstatischen Rausches. Dionysos war ein zentraler Bestandteil des religiösen Lebens in Griechenland, und seine Kultfeste, die Dionysien, waren ausgelassene Feiern, bei denen der Wein im Überfluss floss. Diese Feste waren nicht nur Gelegenheiten zum Trinken, sondern auch tief spirituelle Erlebnisse, die die Teilnehmer in einen Zustand ekstatischer Gemeinschaft und göttlicher Nähe versetzten.

Die Griechen betrachteten Wein als ein Geschenk der Götter, ein Getränk, das Weisheit, Inspiration und Freude brachte. Symposien, die berühmten Trinkgelage der griechischen Elite, waren wichtige gesellschaftliche Ereignisse, bei denen der Wein im Mittelpunkt stand. Diese Zusammenkünfte waren nicht nur Gelegenheiten zum Trinken und Feiern, sondern auch Foren für intellektuelle Diskussionen, Poesie und Philosophie. In diesem Kontext hatte Bier keinen Platz; es war schlichtweg nicht Teil der kulturellen Elite.

Die römische Perspektive

Als das Römische Reich expandierte und die griechische Kultur assimilierte, übernahmen die Römer viele der griechischen Einstellungen gegenüber Alkohol. Auch in Rom war der Wein das bevorzugte Getränk und spielte eine zentrale Rolle im sozialen und religiösen Leben. Die Römer perfektionierten den Weinbau und verbreiteten die Weinkultur in ihren weitläufigen Provinzen. Wein wurde zu einem Symbol der römischen Zivilisation und ein Zeichen von Wohlstand und Raffinesse.

Bier, das von den Römern ›cervisia‹ genannt wurde, blieb auch in Rom ein Getränk der unteren Klassen und der Barbaren, insbesondere der Kelten und Germanen, die im Norden des Reiches lebten. Die Römer sahen Bier mit einer gewissen Verachtung und betrachteten es als unzivilisiert im Vergleich zu ihrem geliebten Wein. Historische Berichte und literarische Werke der Römer beschreiben Bier oft als ein Getränk der Besiegten und Rückständigen.

Kulturelle und soziale Unterschiede

Der Kontrast zwischen Bier und Wein in der antiken Welt lässt sich nicht nur durch Geschmack und Herstellungsverfahren erklären, sondern auch durch tiefgreifende kulturelle und soziale Unterschiede. Der Wein war mehr als nur ein Getränk; er war ein integraler Bestandteil der mediterranen Zivilisation. In den warmen, sonnigen Klimazonen Griechenlands und Italiens gediehen die Weinreben prächtig, und der Weinbau wurde zu einer Kunstform, die Geschick und Wissen erforderte.

Bier hingegen war das Getränk der nördlichen Völker, deren kälteres Klima weniger geeignet für den Anbau von Weinreben war. Diese klimatischen Unterschiede führten zu verschiedenen landwirtschaftlichen Praktiken und schließlich zu unterschiedlichen kulturellen Vorlieben. Während der Wein in der mediterranen Kultur zu einem Symbol für Kultur und Raffinesse wurde, blieb das Bier ein schlichtes und alltägliches Getränk.

Der soziale Status von Bier und Wein spiegelte sich auch in den Konsumgewohnheiten wider. In Rom wurde Wein oft mit Wasser gemischt und in aufwändigen Ritualen und Festen genossen. Die Römer kultivierten eine Kultur des maßvollen Trinkens, bei der der Wein langsam und in Gesellschaft genossen wurde. Bier hingegen war ein schnelles, einfaches Getränk, das vor allem dazu diente, den Durst zu löschen und die Grundnahrungsmittel zu ergänzen.

Wein und Bier in religiösen Zeremonien

Auch in religiösen Zeremonien spielte der Unterschied zwischen Bier und Wein eine Rolle. Die Griechen und Römer opferten ihren Göttern Wein als Zeichen des Respekts und der Verehrung. Wein war ein heiliges Getränk, das bei religiösen Ritualen eine zentrale Rolle spielte. Dionysos bei den Griechen und Bacchus bei den Römern waren die Götter des Weins und wurden mit aufwendigen Festen geehrt, bei denen der Wein im Mittelpunkt stand.

Bier hingegen hatte in den religiösen Praktiken der Griechen und Römer kaum Bedeutung. In den nördlichen Kulturen, die von den Römern als barbarisch angesehen wurden, spielte Bier eine größere Rolle in religiösen Zeremonien. Die Kelten und Germanen verehrten ihre eigenen Götter und brachten ihnen Bieropfer dar, was die kulturellen Unterschiede zwischen dem Mittelmeerraum und den nördlichen Regionen weiter unterstrich.

Zusammenfassung:

Der Unterschied zwischen Bier und Wein in der antiken Welt war mehr als nur eine Frage des Geschmacks. Er war Ausdruck tief verwurzelter kultureller und sozialer Unterschiede zwischen den Mittelmeerkulturen und den nördlichen Völkern. Während der Wein in Griechenland und Rom zu einem Symbol für Kultur, Religion und soziale Raffinesse wurde, blieb das Bier ein alltägliches Getränk, das in den nördlichen Regionen geschätzt wurde. Diese Unterschiede prägten die Wahrnehmung und den Konsum von Alkohol in der antiken Welt und hinterließen ein Erbe, das bis in die heutige Zeit nachwirkt.

Die Germanen und Kelten: Bier in Europa

In den dichten Wäldern und weiten Ebenen des alten Europas lebten die Germanen und Kelten, zwei der bedeutendsten Stammeskulturen des Kontinents. Während im Süden des Mittelmeers Wein die Vorherrschaft hatte, entwickelte sich in den nördlichen Regionen eine reiche Tradition des Bierbrauens. Diese Traditionen und Techniken prägten die Kultur und den Alltag der germanischen und keltischen Stämme tiefgehend.

Die Ursprünge des Bierbrauens in Europa

Schon frühzeitig entdeckten die Menschen in den nördlichen Regionen Europas die Kunst des Bierbrauens. Archäologische Funde deuten darauf hin, dass die Kelten und Germanen bereits vor mehreren tausend Jahren Bier herstellten. Dieses Bier war ein einfaches Gebräu, hergestellt aus Getreide, Wasser und natürlichen Hefen, das durch den Fermentationsprozess in ein alkoholisches Getränk verwandelt wurde. Die Rohstoffe waren reichlich vorhanden: Gerste, Weizen und Hafer gediehen in dem kühleren, feuchten Klima hervorragend.

Techniken des Bierbrauens

Die Techniken des Bierbrauens in den Stammeskulturen Europas waren vielfältig und oft von Region zu Region unterschiedlich. Grundlegend war der Prozess jedoch ähnlich: Das Getreide wurde gemälzt, indem es eingeweicht und zum Keimen gebracht wurde. Nach dem Trocknen und Mahlen des Malzes wurde es mit Wasser vermischt und gekocht, um den Zucker zu extrahieren. Dieser Sud wurde dann in offenen Gefäßen fermentiert, wobei die natürlichen Hefen aus der Luft den Zucker in Alkohol verwandelten.

Ein einzigartiges Merkmal des keltischen Bierbrauens war die Verwendung von Kräutern und Gewürzen, um das Bier zu aromatisieren. Bevor Hopfen verbreitet war, nutzten die Kelten eine Vielzahl von Pflanzen wie Wacholder, Heidekraut, Myrte und Gagelstrauch, um ihren Bieren Geschmack und Haltbarkeit zu verleihen. Diese Zutaten gaben den keltischen Bieren einen charakteristischen Geschmack und halfen, das Getränk haltbar zu machen.

Bier in der germanischen Kultur

Für die Germanen war Bier nicht nur ein alltägliches Getränk, sondern auch ein zentraler Bestandteil ihres sozialen und religiösen Lebens. In den langen, kalten Wintern bot das Bier nicht nur Nahrung und Wärme, sondern auch Trost und Geselligkeit. Die germanischen Stämme tranken Bier bei ihren Festen und Feiern, die oft von wilden Trinkgelagen begleitet waren.

Diese Feiern waren nicht nur Gelegenheiten zum Trinken, sondern auch wichtige soziale Ereignisse, bei denen Allianzen geschmiedet und Freundschaften gepflegt wurden. Das Bier wurde in großen Mengen in Gemeinschaftsgefäßen gebraut und oft aus gemeinsamen Trinkhörnern oder Krügen getrunken, was das Gemeinschaftsgefühl stärkte.

In der germanischen Mythologie spielte Bier ebenfalls eine bedeutende Rolle. Der Gott Odin, ein zentraler Gott in der nordischen Pantheon, war bekannt für seine Liebe zum Met, einem Honigwein, der oft als das Bier der Götter betrachtet wurde. Auch andere Götter und Göttinnen wurden mit Bier und Met in Verbindung gebracht, und Trinksprüche und Opfergaben waren ein wichtiger Bestandteil der religiösen Zeremonien.

Die Kelten und ihre Biertraditionen

Die Kelten, die über große Teile Westeuropas verbreitet waren, hatten ihre eigenen reichen Traditionen des Bierbrauens. In Irland, Schottland, Gallien und auf den Britischen Inseln war Bier ein alltägliches Getränk, das in nahezu jedem Haushalt gebraut wurde. Die keltischen Stämme waren bekannt für ihre Liebe zu Festen und Feiern, bei denen Bier eine zentrale Rolle spielte.

Ein bedeutendes Element der keltischen Biertradition war der Einsatz von Gemeinschaftsbrauereien. Diese waren oft in den größeren keltischen Siedlungen zu finden und dienten als zentrale Punkte für die Bierproduktion. Die Gemeinschaftsbrauereien waren nicht nur Produktionsstätten, sondern auch soziale Zentren, an denen sich die Menschen trafen, um Geschichten zu erzählen, Neuigkeiten auszutauschen und das Leben zu feiern.

Die Kelten verehrten ebenfalls Götter und Göttinnen, die mit dem Bierbrauen in Verbindung standen. Eine der bekanntesten ist die Göttin Brigid, die sowohl als Göttin der Heilkunde als auch des Bierbrauens bekannt war. Zu ihren Ehren wurden Bieropfer dargebracht, und sie wurde um Segen für die Bierproduktion gebeten.

Bier und gesellschaftlicher Zusammenhalt

In beiden Kulturen, sowohl bei den Germanen als auch bei den Kelten, spielte Bier eine entscheidende Rolle für den gesellschaftlichen Zusammenhalt. Die Bierproduktion war oft eine gemeinschaftliche Tätigkeit, bei der Familien und Nachbarn zusammenarbeiteten. Dies stärkte die sozialen Bande und förderte den Zusammenhalt innerhalb der Gemeinschaften.

Bier war auch ein wichtiges Handelsgut. Es wurde nicht nur lokal konsumiert, sondern auch zwischen den Stämmen gehandelt. Dies führte zu einem Austausch von Brautechniken und Rezepten und förderte die Verbreitung von Bierkultur über ganz Europa hinweg.

Religiöse und rituelle Bedeutung

Die religiöse und rituelle Bedeutung des Bieres in den europäischen Stammeskulturen kann nicht übersehen werden. Bieropfer waren ein wesentlicher Bestandteil vieler religiöser Zeremonien. Bei Festen zu Ehren der Götter, bei Erntefeiern und anderen wichtigen Anlässen wurde Bier als Opfergabe dargebracht, um die Götter zu besänftigen und ihre Gunst zu erlangen.

Diese rituellen Bieropfer unterstrichen die tiefe spirituelle Verbindung, die die Menschen zu ihrem Getränk hatten. Sie glaubten, dass das Bier nicht nur ihre Körper nährte, sondern auch eine Verbindung zu den göttlichen Kräften herstellte, die ihr Leben und ihre Umwelt bestimmten.

Zusammenfassung:

Die Traditionen und Techniken der germanischen und keltischen Bierkultur sind ein faszinierendes Kapitel der europäischen Geschichte. Sie zeigen, wie tief das Bier in den Alltag, die Religion und die sozialen Strukturen dieser alten Kulturen eingebettet war. Von den gemeinschaftlichen Brauereien bis hin zu den rituellen Opfergaben an die Götter – Bier war ein Symbol für Gemeinschaft, Überleben und spirituelle Hingabe. Diese alten Traditionen legten den Grundstein für die reiche und vielfältige Bierkultur Europas, die bis heute fortlebt und sich ständig weiterentwickelt.

Das Mittelalter: Klöster und Braukunst

Im Mittelalter, einer Zeit des Wandels und der kulturellen Entwicklung, spielten Klöster eine zentrale Rolle in der europäischen Gesellschaft. Neben ihrer spirituellen und intellektuellen Bedeutung wurden die Klöster zu den Hütern und Innovatoren der Braukunst. Diese religiösen Gemeinschaften waren maßgeblich an der Weiterentwicklung und Verbreitung von Brautechniken beteiligt und prägten so nachhaltig die europäische Bierkultur.

Die Anfänge der Klosterbrauereien

Die Ursprünge der klösterlichen Brautradition reichen bis ins frühe Mittelalter zurück, als christliche Mönche begannen, Bier als Teil ihrer täglichen Nahrung zu produzieren. Die Klöster, oft abgeschieden in ländlichen Gegenden, mussten autark wirtschaften, und die Herstellung von Bier war eine wichtige Methode, um die Gemeinschaft mit Nahrung und Getränken zu versorgen. Bier war nicht nur ein Nahrungsmittel, sondern auch eine sichere Alternative zu oft unsauberem Trinkwasser.

Die Benediktinerregel, die von vielen Klöstern befolgt wurde, betonte die Bedeutung der Selbstversorgung und Arbeit. Diese Regel förderte die handwerkliche Produktion, einschließlich des Brauens. Die Mönche entwickelten und perfektionierten Brautechniken, die die Qualität und Konsistenz des Bieres verbesserten. Dabei standen Hygiene und Effizienz im Vordergrund, was dazu beitrug, dass klösterliches Bier als besonders rein und hochwertig galt.

Innovationen in der Brautechnik

Eine der bedeutendsten Innovationen, die aus den Klöstern hervorging, war die systematische Nutzung von Hopfen. Bereits seit der Antike war bekannt, dass Hopfenbier länger haltbar war und einen angenehmen bitteren Geschmack hatte. Im 8. Jahrhundert begannen die Mönche, Hopfen systematisch in ihren Brauprozess zu integrieren. Der Hopfen diente nicht nur als natürliches Konservierungsmittel, sondern verlieh dem Bier auch seinen charakteristischen Geschmack.

Ein weiteres Beispiel für klösterliche Innovationskraft war die Verbesserung der Gärungsprozesse. Die Mönche experimentierten mit verschiedenen Hefekulturen und entwickelten Methoden zur Temperaturkontrolle während der Gärung. Diese Fortschritte führten zu einer höheren Konsistenz und Qualität des Bieres. Klöster wie das von Saint Gall in der Schweiz hinterließen detaillierte Pläne und Rezepte, die die fortschrittlichen Techniken und das Wissen der Mönche dokumentierten.

Klöster als Zentren des Wissens und der Verbreitung

Die Klöster waren nicht nur Orte der Produktion, sondern auch Zentren des Wissens und der Bildung. Die Mönche bewahrten und vermehrten das Wissen um die Braukunst in ihren Skriptorien, den Schreibstuben, in denen sie Manuskripte kopierten und eigene Werke verfassten. Diese Dokumente enthielten oft detaillierte Beschreibungen der Brauprozesse, Rezepte und technischen Anleitungen.

Durch ihre weitreichenden Netzwerke verbreiteten die Klöster ihr Wissen über das Brauen weit über ihre eigenen Mauern hinaus. Pilger, Reisende und andere Klosterbesucher trugen das Wissen um die klösterlichen Brautechniken in die Welt hinaus. So verbreitete sich das Wissen über die Kunst des Bierbrauens in ganz Europa.

Die wirtschaftliche Bedeutung der Klosterbrauereien

Klöster spielten auch eine bedeutende wirtschaftliche Rolle in ihrer Region. Die Produktion und der Verkauf von Bier trugen erheblich zur finanziellen Selbstständigkeit der Klöster bei. Besonders in Zeiten des wirtschaftlichen Wachstums und der Bevölkerungszunahme im Hochmittelalter stieg die Nachfrage nach Bier erheblich. Die Klöster nutzten diese Gelegenheit, um ihre Brauereien zu erweitern und die Produktion zu steigern.

Viele Klosterbrauereien wurden zu wichtigen lokalen Wirtschaftszentren. Sie beschäftigten zahlreiche Arbeiter, sowohl innerhalb der klösterlichen Gemeinschaft als auch aus der umliegenden Bevölkerung. Die Brauereien förderten auch den lokalen Handel, indem sie Rohstoffe wie Getreide und Hopfen kauften und ihre Produkte auf regionalen Märkten verkauften.

Spirituelle und soziale Dimension des Bierbrauens

Das Bierbrauen in den Klöstern hatte nicht nur wirtschaftliche, sondern auch spirituelle und soziale Dimensionen. In den Klöstern wurde Bier als ein göttliches Geschenk betrachtet, das mit Dankbarkeit und Respekt behandelt wurde. Das Brauen war eine Form der Handarbeit, die den Mönchen als Dienst an Gott und der Gemeinschaft diente. Der Akt des Bierbrauens war in die täglichen Gebete und Rituale der Mönche eingebettet und wurde als Teil ihres religiösen Lebens betrachtet.

Das Bier, das die Mönche brauten, war oft milder und weniger alkoholisch als das heutige Bier, was es zu einem geeigneten Getränk für die Fastenzeiten machte, in denen die Mönche auf feste Nahrung verzichteten. In diesen Zeiten war Bier eine wichtige Nahrungsquelle, die den Mönchen die nötige Energie und Nährstoffe lieferte.

Berühmte Klosterbrauereien und ihr Erbe

Einige Klosterbrauereien des Mittelalters erlangten große Berühmtheit und setzten Maßstäbe in der Braukunst, deren Einflüsse bis heute spürbar sind. Das Kloster Saint-Benoît in Belgien, bekannt für sein Trappistenbier, ist ein Beispiel für die herausragende Qualität klösterlicher Braukunst. Trappistenbier wird bis heute nach den traditionellen Methoden der Mönche gebraut und gilt als eines der besten Biere der Welt.

Auch die Klöster in Bayern, wie das Kloster Weihenstephan, das als die älteste noch existierende Brauerei der Welt gilt, haben die Bierkultur entscheidend geprägt. Diese Klöster waren nicht nur Produktionsstätten, sondern auch Ausbildungszentren, in denen das Wissen um die Braukunst von Generation zu Generation weitergegeben wurde.

Zusammenfassung:

Die Rolle der Klöster bei der Entwicklung und Verbreitung von Brautechniken im Mittelalter kann nicht hoch genug eingeschätzt werden. Sie waren die Hüter und Innovatoren der Braukunst, die durch ihre unermüdliche Arbeit und Hingabe die Qualität und Vielfalt des Bieres entscheidend beeinflussten. Die Mönche schufen ein Erbe, das bis heute fortlebt und die europäische Bierkultur nachhaltig geprägt hat. Ihre Techniken, Rezepte und der Geist der Gemeinschaft und Hingabe, der das klösterliche Brauwesen durchdrang, sind ein faszinierendes Kapitel in der Geschichte der Erfindung des Bieres.

Das bayerische Reinheitsgebot von 1516

Das bayerische Reinheitsgebot von 1516 markiert einen Wendepunkt in der Geschichte der Bierproduktion. Dieses Gesetz, das ursprünglich von den bayerischen Herzögen Wilhelm IV. und Ludwig X. erlassen wurde, hatte weitreichende Auswirkungen auf die Bierkultur in Deutschland und darüber hinaus. Sein Ursprung, seine Bedeutung und seine Auswirkungen auf die Bierproduktion sind eng verwoben mit den sozialen, wirtschaftlichen und kulturellen Entwicklungen der damaligen Zeit.

Ursprung des Reinheitsgebots

Im frühen 16. Jahrhundert war die Bierproduktion in Bayern und anderen Teilen des Heiligen Römischen Reiches uneinheitlich und oft von minderer Qualität. Viele Brauer verwendeten eine Vielzahl von Zutaten, darunter auch zweifelhafte und gesundheitsschädliche Stoffe, um ihre Biere zu würzen und zu konservieren. Diese Praxis führte nicht nur zu gesundheitlichen Problemen, sondern auch zu schwankenden Geschmackserlebnissen und schlechter Bierqualität. Zudem war die Bierproduktion ein wichtiger Wirtschaftszweig, der strengen Regulierungen bedurfte, um die Preisstabilität und Qualität zu sichern.

Vor diesem Hintergrund erließen die bayerischen Herzöge am 23. April 1516 das Reinheitsgebot. Dieses Gesetz legte fest, dass Bier in Bayern nur aus drei Zutaten gebraut werden durfte: Gerste, Wasser und Hopfen. Hefe wurde damals noch nicht explizit erwähnt, da ihre Rolle im Brauprozess erst später wissenschaftlich verstanden wurde. Ziel des Reinheitsgebots war es, die Bierqualität zu sichern, gesundheitliche Risiken zu minimieren und die Nutzung von Getreidearten zu regulieren, die auch für die Brotherstellung benötigt wurden.

Die Bedeutung des Reinheitsgebots

Das Reinheitsgebot war mehr als nur eine Lebensmittelverordnung; es war ein Instrument zur Sicherung der öffentlichen Gesundheit und der wirtschaftlichen Stabilität. Durch die Einschränkung auf Gerste wurde die Konkurrenz um Weizen und Roggen, die für die Brotherstellung entscheidend waren, verringert. Dies half, die Brotpreise stabil zu halten und Hungersnöten vorzubeugen.

Darüber hinaus schuf das Reinheitsgebot einen Standard, der die Bierqualität erheblich verbesserte. Die Begrenzung auf Gerste, Wasser und Hopfen zwang die Brauer dazu, ihre Brautechniken zu verfeinern und auf Qualität zu achten, anstatt sich auf fragwürdige Zusatzstoffe zu verlassen. Hopfen, der im Reinheitsgebot besonders hervorgehoben wurde, spielte eine wichtige Rolle als natürliches Konservierungsmittel und verbesserte den Geschmack und die Haltbarkeit des Bieres.

Die Einführung des Reinheitsgebots stärkte auch das Vertrauen der Verbraucher in die Bierproduktion. Die Konsumenten konnten sich darauf verlassen, dass das Bier, das sie kauften und tranken, sicher und von gleichbleibend hoher Qualität war.

Dies trug zur Popularität des Bieres bei und festigte seine Rolle als wichtiges Getränk in der bayerischen Kultur.

Auswirkungen auf die Bierproduktion

Die Auswirkungen des Reinheitsgebots auf die Bierproduktion waren weitreichend und nachhaltig. In den Jahrhunderten nach seiner Einführung wurde das Gesetz immer wieder bestätigt und erweitert. Es bildete die Grundlage für die Entwicklung eines unverwechselbaren bayerischen Bierstils, der sich durch seine Reinheit und Qualität auszeichnete.

Ein unmittelbarer Effekt des Reinheitsgebots war die Professionalisierung der Brauereien. Die strengen Vorgaben zwangen die Brauer, innovative Techniken zu entwickeln und ihre Produktionsprozesse zu optimieren. Dies führte zu einer erheblichen Verbesserung der Braukunst und legte den Grundstein für die heutige Vielfalt und Qualität bayerischer Biere.

Langfristig hatte das Reinheitsgebot auch wirtschaftliche Auswirkungen. Die bayerischen Brauereien erlangten aufgrund der hohen Qualität ihres Bieres einen ausgezeichneten Ruf, der ihnen Zugang zu neuen Märkten verschaffte. Der Export von bayerischem Bier florierte, und die Brauereien trugen erheblich zur Wirtschaftskraft der Region bei.

Das Reinheitsgebot in der Moderne

Das Reinheitsgebot hat die Jahrhunderte überdauert und ist bis heute ein Symbol für Qualität und Tradition in der Bierproduktion. Im Laufe der Zeit wurde das Gesetz an neue wissenschaftliche Erkenntnisse und technologische Entwicklungen angepasst, doch die Grundprinzipien blieben bestehen. Im 20. Jahrhundert wurde das Reinheitsgebot in das deutsche Biersteuergesetz integriert, und seine Prinzipien wurden auf die gesamte Bundesrepublik Deutschland ausgedehnt.

Auch international genießt das Reinheitsgebot großes Ansehen. Viele Brauereien weltweit haben sich von den bayerischen Standards inspirieren lassen und ihre eigenen Produktionsrichtlinien daran ausgerichtet. Das Reinheitsgebot steht für die hohe Kunst des Bierbrauens und für eine Tradition, die sowohl auf Qualität als auch auf Reinheit setzt.

Zusammenfassung:

Das bayerische Reinheitsgebot von 1516 ist weit mehr als ein historisches Gesetz; es ist ein lebendiges Erbe, das die Bierkultur tief geprägt hat. Es hat die Grundlagen für eine Brautradition geschaffen, die auf Qualität, Reinheit und Konsistenz setzt und die bis heute Bestand hat. Die Einführung des Reinheitsgebots war ein entscheidender Schritt in der Entwicklung des Bieres und hat die Braukunst in Bayern und darüber hinaus nachhaltig beeinflusst. Es bleibt ein faszinierendes Kapitel in der Geschichte der Erfindung des Bieres und ein Zeugnis für die Kunstfertigkeit und das Engagement der Brauer im Dienste ihrer Gemeinschaften.

das sölhs den pfarrern in vnserm lannde mit gestatt werden
sol/aufgenomen was die pfarrer vnd geystlichen von aigen
weinwachssen haben/vnd für sich/ir pfarrgesellen/priester=
schafft vnnd hausgesynd/auch in der not den kindlpetterin/
vnd krannckhen leüten/vnmärlich geben/das mag jne gestatt
werden.Doch geuärlicher weis/von schennckhens vnd ge=
wins wegen/sollen sy khainen wein einlegen.

Wie das Pier summer vnd winter auffm lannd sol geschennckt geprawen werden.

Item Wir ordnen/setzen/vnnd wöllen/mit Rathe vnnser
Lanndschafft/das füran allennthalben in dem Fürstenn=
thumb Bayern/auf dem lannde/auch in vnsern Stetten vnd
Märckhten/da dethalb hieuor kain sonndere ordnung ist/
von Michaelis bis auf Georij/ain mass oder ain kopf piers
über ainen pfenning müncher werung/Vnd von sant Jör=
gen tag/bis auff Michaelis/die mass über zwen pfenning
derselben werung/vnd derennden der kopf ist/über drey
haller/bey nachgesetzter Pene/nicht gegeben noch aufge=
schennckht sol werden. Wo auch ainer nit Mertzn/sonn=
der annder Pier prawen/oder sonnst haben würde/sol Er
doch das/kains wegs höher: daß die mass vmb ainen pfen=
ning schennckhen/vnd verkauffen/Wir wöllen auch sonn=
derlichen/das füran allenthalben in vnsern Stetten/Märck=
ten/vnnd auf dem Lannde/zu kainem Pier/merer stuckh/
dann allain Gersten/hopffen/vnd wasser/genomen vnnd
geprauncht sölle werden.Welher aber dise vnnsere ordnung
wissenntlich überfarn vnd nit hallten würde/dem sol von
seiner gerichtsöbrigkait/dasselbig vas pier/zustraff vnnach=
läslich/so offt es geschicht/genomen werden. Jedoch wo
ain Geüwirt von ainem Pierprewen in vnnsern Stetten/
Märckten/oder aufin lande/yetzigzeytn ainen Emer piers/

Das bayerische Reinheitsgebot in der von den Herzögen Wilhelm IV. (reg. 1508-1550) und Ludwig X. (reg. 1514-1545) erlassenen Landesordnung (Zeile 13-17 im zweiten Abschnitt). Sie ist zwar auf den 24. April 1516 datiert, wurde aber erst im Juli 1516 abschließend beraten und anschließend gedruckt. Abb. aus: Das büch der gemeinen. landpot. Landsordnüng. Satzüng. vnd Gebreüch, des Fürstennthumbs. in Obern. vnd Nidern Bairn. Jm Funftzehnhundert vnd Sechtzehendem Jar aufgericht, München 1516. (Bayerische Staatsbibliothek, 2 L.impr.membr. 45, Bl. 36v)

Bier im Zeitalter der Renaissance

Die Renaissance, eine Epoche des kulturellen, künstlerischen und wissenschaftlichen Aufbruchs, brachte auch bedeutende Veränderungen in der Braupraxis und der gesellschaftlichen Bedeutung des Bieres mit sich. Während die Renaissance die Wiedergeburt der klassischen Antike und das Aufblühen des menschlichen Geistes feierte, erlebte auch die Braukunst eine Transformation, die das Bier zu einem noch zentraleren Element des gesellschaftlichen Lebens machte.

Die Renaissance der Braukunst

Mit dem Beginn der Renaissance im 14. Jahrhundert begann eine Zeit intensiver Veränderungen und Erneuerungen, die sich auch auf die Braukunst auswirkten. Der technologische Fortschritt und das wachsende Wissen über Chemie und Biologie führten zu einer verbesserten Bierproduktion. Die Erfindung des Buchdrucks um 1440 durch Johannes Gutenberg spielte eine wesentliche Rolle bei der Verbreitung von Brauwissen. Brauhandbücher und wissenschaftliche Abhandlungen konnten nun leichter und schneller verbreitet werden, was den Austausch von Wissen und Techniken enorm beschleunigte.

Die Renaissance brachte auch eine neue Wertschätzung für Präzision und Wissenschaftlichkeit mit sich. Brauer begannen, ihre Prozesse systematischer zu dokumentieren und zu standardisieren. Die genaue Messung von Zutaten und die Kontrolle der Gärtemperaturen führten zu einer gleichbleibenden Bierqualität. Die Entdeckung und Isolierung von Hefen durch frühe Mikrobiologen, wie Antonie van Leeuwenhoek im 17. Jahrhundert, ermöglichte es den Brauern, die Fermentation besser zu kontrollieren und vorhersehbare Ergebnisse zu erzielen.

Gesellschaftliche Bedeutung des Bieres

Während der Renaissance änderte sich die gesellschaftliche Rolle des Bieres erheblich. In den wachsenden Städten und aufstrebenden Handelszentren Europas wurde Bier zu einem alltäglichen Getränk für alle Schichten der Gesellschaft. In den städtischen Tavernen und Gasthäusern, die sich immer größerer Beliebtheit erfreuten, spielte Bier eine zentrale Rolle. Diese Orte waren nicht nur Plätze des Trinkens, sondern auch soziale Treffpunkte, an denen Geschäftsleute, Handwerker und Gelehrte zusammenkamen, um sich auszutauschen und zu vernetzen.

Die Rolle des Bieres als Handelsgut wuchs ebenfalls. Die verbesserten Brautechniken und die gleichbleibende Qualität machten Bier zu einem begehrten Exportartikel. Städte wie Hamburg und Bremen entwickelten sich zu wichtigen Bierhandelszentren, von denen aus Bier in viele Teile Europas exportiert wurde. Der Handel mit Bier förderte den kulturellen Austausch und brachte neue Einflüsse in die Braukunst.

Bier und die Reformation

Ein bedeutender Aspekt der gesellschaftlichen Bedeutung des Bieres in der Renaissance war seine Rolle in der Reformation. Martin Luther, der prominente Reformator, war bekannt für seine Vorliebe für Bier. In seinen Schriften und Tischreden erwähnte er oft das Bier, und es wird berichtet, dass seine Frau, Katharina von Bora, eine begabte Brauerin war. Die Reformation führte zu einer Säkularisierung vieler Klöster, die zuvor bedeutende Zentren der Bierproduktion gewesen waren. Viele dieser Klosterbrauereien wurden in private Brauereien umgewandelt, was zur weiteren Verbreitung und Kommerzialisierung des Bieres beitrug.

Die Reformation hatte auch direkte Auswirkungen auf die Bierproduktion in protestantischen und katholischen Gebieten. Während in katholischen Gebieten die klösterlichen Brautraditionen weitgehend erhalten blieben, entwickelten sich in den protestantischen Regionen neue Brauereien und Brautechniken, die nicht mehr an die strengen religiösen Vorschriften gebunden waren.

Die Entwicklung neuer Bierstile

Im Zeitalter der Renaissance entstanden viele neue Bierstile, die den sich ändernden Geschmäckern und Vorlieben der Bevölkerung entsprachen. Die Einführung von Hopfen als Standardzutat, die bereits im Mittelalter begann, setzte sich weiter fort und führte zur Entwicklung verschiedener Biersorten, die auf den unterschiedlichen Kombinationen von Malz, Wasser und Hopfen basierten.

In England entwickelte sich das Ale zu einer beliebten Bierart, während in den deutschsprachigen Regionen das Lagerbier an Bedeutung gewann. In den Niederlanden und Belgien entstanden ebenfalls einzigartige Bierstile, die durch die Verwendung spezieller Hefen und zusätzlicher Zutaten wie Gewürzen und Früchten geprägt waren. Diese Vielfalt an Bierstilen spiegelte die kulturelle und regionale Vielfalt Europas wider und trug zur Blütezeit der Braukunst in der Renaissance bei.

Bier und Gesundheit

Während der Renaissance wuchs auch das Bewusstsein für die gesundheitlichen Aspekte des Bierkonsums. Bier galt als nahrhaft und war oft sicherer zu trinken als Wasser, das in vielen städtischen Gebieten verschmutzt war. Ärzte und Gelehrte der Renaissance, wie der berühmte Arzt Paracelsus, betrachteten Bier als gesundes Getränk, das in Maßen genossen zur allgemeinen Gesundheit beitragen konnte.

Die nahrhaften Eigenschaften des Bieres machten es zu einem wichtigen Bestandteil der Ernährung, insbesondere für die arbeitende Bevölkerung. Bier lieferte Kalorien, Vitamine und Mineralstoffe und war oft eine wichtige Ergänzung zur täglichen Ernährung. In Zeiten der Lebensmittelknappheit konnte Bier sogar als Ersatz für feste Nahrung dienen und half, Mangelernährung zu verhindern.

Zusammenfassung:

Das Zeitalter der Renaissance war eine Periode tiefgreifender Veränderungen, die auch die Braukunst und die gesellschaftliche Bedeutung des Bieres nachhaltig beeinflussten. Durch technologische Fortschritte, wissenschaftliche Erkenntnisse und den kulturellen Austausch erlebte die Bierproduktion eine Blütezeit, die das Getränk fest in der europäischen Kultur verankerte. Bier wurde nicht nur zum alltäglichen Genussmittel, sondern auch zum Symbol für Fortschritt, Geselligkeit und Gesundheit. Die Entwicklungen der Renaissance legten den Grundstein für die moderne Bierkultur und prägen bis heute die Art und Weise, wie Bier gebraut und genossen wird.

Die Industrialisierung des Bierbrauens

Im 19. Jahrhundert erlebte die Bierproduktion eine Revolution, die ihre Wurzeln tief in den technologischen Fortschritten der Industrialisierung hatte. Diese Epoche war geprägt von bahnbrechenden Erfindungen und der Entstehung großer Brauereien, die die Art und Weise, wie Bier gebraut und konsumiert wurde, für immer veränderten. Die Industrialisierung des Bierbrauens führte zu einer neuen Ära der Massenproduktion, verbesserter Qualität und internationaler Verbreitung.

Technologische Fortschritte

Mit der Industrialisierung kamen eine Reihe von technologischen Innovationen, die das Brauwesen grundlegend veränderten. Eine der bedeutendsten Entwicklungen war die Einführung der Dampfmaschine in den Brauprozess. James Watts Verbesserungen der Dampfmaschine in den späten 18. und frühen 19. Jahrhundert ermöglichten es Brauereien, die Arbeit effizienter zu gestalten und größere Mengen Bier zu produzieren. Die Dampfmaschine wurde verwendet, um Wasser zu pumpen, Malz zu mahlen und die Maische zu erhitzen, was die Produktionskapazitäten erheblich steigerte.

Ein weiterer technologischer Meilenstein war die Entdeckung und Isolierung von Hefen durch Louis Pasteur in den 1860er Jahren. Pasteur zeigte, dass Mikroorganismen für die Fermentation verantwortlich sind, und entwickelte Methoden zur Pasteurisierung, die das Wachstum unerwünschter Bakterien verhinderten. Diese Erkenntnisse ermöglichten es den Brauern, den Gärungsprozess besser zu kontrollieren und konsistente Ergebnisse zu erzielen. Die systematische Nutzung reiner Hefekulturen führte zu einer Verbesserung der Bierqualität und Haltbarkeit.

Die Einführung des Kühlschranks und fortschrittlicher Kältetechniken durch Carl von Linde in den 1870er Jahren war ein weiterer Durchbruch. Vor der Erfindung der Kältetechnik waren Brauereien auf natürliche Eisvorräte angewiesen, um die Temperatur während der Fermentation zu kontrollieren. Mit künstlicher Kühlung konnten Brauereien das ganze Jahr über produzieren und Lagerbiere herstellen, die eine längere Gärzeit bei niedrigen Temperaturen erforderten. Diese Innovation machte die Bierproduktion unabhängig von klimatischen Bedingungen und ermöglichte die Herstellung von stabileren, klareren Bieren.

Die Entstehung großer Brauereien

Die technologischen Fortschritte der Industrialisierung führten zur Entstehung großer Brauereien, die in der Lage waren, Bier in bisher unvorstellbaren Mengen zu produzieren. Diese Entwicklung war eng mit der zunehmenden Urbanisierung und dem Wachstum der Städte verbunden. In den aufstrebenden Metropolen Europas und Nordamerikas entstand eine große Nachfrage nach Bier, das in Massen und zu erschwinglichen Preisen produziert werden konnte.

Eine der ersten großen Brauereien, die von den neuen Technologien profitierte, war die Spaten-Brauerei in München. Unter der Führung von Gabriel Sedlmayr dem Jüngeren wurde die Brauerei im 19. Jahrhundert modernisiert und setzte auf die neuesten technischen Errungenschaften. Sedlmayr experimentierte mit verschiedenen Malzsorten und Hefekulturen, was zur Entwicklung des hellen Lagers führte, das heute als ›Helles‹ bekannt ist.

In den Vereinigten Staaten spielte die Anheuser-Busch-Brauerei eine zentrale Rolle in der Industrialisierung des Bierbrauens. Gegründet von Adolphus Busch und Eberhard Anheuser, setzte die Brauerei auf moderne Brautechniken und aggressive Marketingstrategien. Anheuser-Busch war eine der ersten Brauereien, die pasteurisiertes Bier in Flaschen abfüllte und ein umfangreiches Vertriebsnetz aufbaute, das es ermöglichte, ihr Bier in ganz Amerika zu verkaufen. Ihre Marke Budweiser wurde zum Synonym für amerikanisches Lagerbier und legte den Grundstein für den Aufstieg der Brauindustrie in den USA.

Auswirkungen auf die Bierproduktion und den Konsum

Die Industrialisierung des Bierbrauens hatte tiefgreifende Auswirkungen auf die Produktion und den Konsum von Bier. Mit der Massenproduktion und den verbesserten Brautechniken konnte Bier in gleichbleibender Qualität und größeren Mengen hergestellt werden. Dies führte zu einer Senkung der Produktionskosten und machte Bier für breite Bevölkerungsschichten erschwinglich. Bier entwickelte sich vom regionalen Handwerksprodukt zum globalen Massenartikel.

Die Einführung standardisierter Produktionsmethoden und strengerer Hygienestandards führte zu einer erheblichen Verbesserung der Bierqualität. Die Konsumenten konnten sich darauf verlassen, dass das Bier, das sie kauften, sauber, sicher und von gleichbleibendem Geschmack war. Dies stärkte das Vertrauen der Verbraucher und trug zur Popularität des Bieres bei.

Die Industrialisierung des Bierbrauens führte auch zu einer Veränderung der Konsumgewohnheiten. In den Städten entstanden zahlreiche Bierhallen und Brauereigaststätten, die zu wichtigen sozialen Treffpunkten wurden. Diese Einrichtungen boten nicht nur Bier an, sondern wurden auch zu Orten des gesellschaftlichen Austauschs und der Unterhaltung. Bier wurde zum Symbol für Geselligkeit und Gemeinschaft und spielte eine zentrale Rolle im städtischen Leben.

Die globale Verbreitung des Bieres

Die technologischen Fortschritte und die Entstehung großer Brauereien führten zu einer globalen Verbreitung des Bieres. Europäische Brauer und ihre Techniken fanden ihren Weg in die Kolonien und die neuen Länder der Einwanderer. Deutsche und tschechische Brauer spielten eine besonders wichtige Rolle bei der Verbreitung der Lagerbierkultur in Nord- und Südamerika, Australien und Asien. Diese Brauer brachten ihr Wissen und ihre Traditionen mit und gründeten Brauereien, die nach den gleichen Prinzipien arbeiteten wie die großen Brauereien in Europa.

Die Verbreitung des Bieres führte auch zu einer Vermischung verschiedener Bierstile und -kulturen. In den Vereinigten Staaten beispielsweise führte die Begegnung europäischer Brautraditionen mit amerikanischen Zutaten und Geschmäckern zur Entwicklung neuer Bierstile wie des amerikanischen Lagers und des Pale Ales. Diese Vielfalt trug zur Bereicherung der globalen Bierkultur bei und schuf eine Grundlage für die heutige Vielfalt an Biersorten.

Zusammenfassung:

Die Industrialisierung des Bierbrauens im 19. Jahrhundert war eine Zeit des dramatischen Wandels und der Innovation. Technologische Fortschritte wie die Dampfmaschine, die Entdeckung der Hefe und die Einführung der Kühltechnik revolutionierten die Bierproduktion und ermöglichten die Entstehung großer Brauereien. Diese Entwicklungen führten zu einer Verbesserung der Bierqualität, einer Senkung der Produktionskosten und einer globalen Verbreitung des Bieres. Das Bier, einst ein handwerkliches Produkt, wurde zu einem Massenartikel, der in allen Teilen der Welt genossen wurde. Die Industrialisierung legte den Grundstein für die moderne Bierindustrie und prägte nachhaltig die Art und Weise, wie Bier produziert und konsumiert wird.

Bier und die Wissenschaft:
Pasteur und die Mikrobiologie

Die Entdeckung der Hefen und ihre Rolle in der Fermentation markierte einen Wendepunkt in der Geschichte des Bierbrauens. Im 19. Jahrhundert brachte die aufstrebende Wissenschaft der Mikrobiologie bahnbrechende Erkenntnisse, die das Verständnis und die Praxis der Bierherstellung revolutionierten. Louis Pasteur, ein französischer Chemiker und Mikrobiologe, spielte eine zentrale Rolle in dieser Entwicklung und legte den Grundstein für die moderne Braukunst.

Die Welt vor Pasteur:

Fermentation im Dunkeln

Vor den bahnbrechenden Arbeiten von Pasteur war die Fermentation ein geheimnisvoller Prozess, der nur teilweise verstanden wurde. Brauer wussten aus Erfahrung, dass bestimmte Bedingungen und Praktiken notwendig waren, um die Gärung zu fördern, aber die genauen Mechanismen blieben unklar. Man wusste, dass die Zugabe von Malz, Wasser und Hefe zu einer Umwandlung in Alkohol und Kohlendioxid führte, doch die Rolle der Hefe war weitgehend unbekannt. Viele Brauer glaubten, die Gärung sei eine spontane chemische Reaktion oder ein göttlicher Eingriff.

Pasteur betritt die Bühne

Louis Pasteur, geboren 1822 in Dole, Frankreich, war von Natur aus neugierig und wissenschaftlich begabt. Seine Arbeiten in der Mikrobiologie begannen mit der Untersuchung von Gärungsprozessen in der Wein- und Bierherstellung. In den 1850er Jahren wandte er seine Aufmerksamkeit den Problemen zu, die französische Winzer und Brauer plagten, insbesondere der Verderb ihrer Produkte durch unerwünschte Mikroorganismen.

Pasteurs Forschungsreise zur Klärung der Fermentation begann mit seinen Experimenten zur Milchsäuregärung. Er konnte zeigen, dass diese Gärung von Mikroorganismen verursacht wurde und dass die Anwesenheit von Luft die Aktivität bestimmter Bakterien förderte. Diese Erkenntnisse legten den Grundstein für seine späteren Arbeiten zur Alkoholgärung.

Die Entdeckung der Hefen

In den frühen 1860er Jahren wandte sich Pasteur der Alkoholgärung zu und machte eine bemerkenswerte Entdeckung: Die Gärung wurde nicht durch eine rein chemische Reaktion verursacht, sondern durch die Aktivität lebender Organismen – Hefen. In einer Reihe sorgfältiger Experimente isolierte Pasteur die Hefezellen und zeigte, dass sie für die Umwandlung von Zucker in Alkohol verantwortlich waren. Diese Erkenntnis war revolutionär, da sie das Verständnis der Fermentation von einem mysteriösen Prozess zu einer biologischen Reaktion veränderte.

Pasteur bewies auch, dass verschiedene Hefestämme unterschiedliche Gärungseigenschaften hatten, was die Vielfalt der Bierstile erklärte. Er erkannte, dass die Reinheit und Qualität der Hefe entscheidend für das Endprodukt waren. Seine Arbeit legte den Grundstein für die Praxis der Hefereinzucht, bei der spezifische Hefestämme kultiviert und gezielt eingesetzt wurden, um konsistente und qualitativ hochwertige Biere zu produzieren.

Pasteurisierung und ihre Auswirkungen

Eine weitere bedeutende Errungenschaft Pasteurs war die Entwicklung des Pasteurisierungsverfahrens. Er zeigte, dass das Erhitzen von Flüssigkeiten auf eine bestimmte Temperatur für kurze Zeit Mikroorganismen abtötete, ohne die Flüssigkeit selbst zu schädigen. Dieses Verfahren, ursprünglich für Wein entwickelt, fand schnell Anwendung in der Bierproduktion. Die Pasteurisierung ermöglichte es, Bier länger haltbar zu machen und den Transport über weite Strecken zu erleichtern, ohne dass das Risiko einer Nachgärung oder Kontamination bestand.

Die Pasteurisierung war ein bedeutender Fortschritt für die Bierindustrie, da sie zur Standardisierung der Qualität und zur Erweiterung des Marktes beitrug. Brauereien konnten nun ihr Bier in Flaschen und Fässern abfüllen und über weite Entfernungen transportieren, was zur Entstehung großer, international agierender Brauereien führte.

Die Wissenschaft der Mikrobiologie und die moderne Braukunst

Pasteurs Arbeiten bildeten die Grundlage für die moderne Mikrobiologie und hatten weitreichende Auswirkungen auf die Bierproduktion. Die Erkenntnis, dass Mikroorganismen wie Hefen und Bakterien für die Gärung verantwortlich sind, führte zu einem systematischen Ansatz in der Bierherstellung. Brauer begannen, ihre Prozesse wissenschaftlich zu kontrollieren und zu optimieren.

Die Forschung Pasteurs inspirierte auch andere Wissenschaftler, die Mikrobiologie weiterzuentwickeln. Einer von ihnen war der deutsche Chemiker Emil Christian Hansen, der in den 1880er Jahren an der Carlsberg-Brauerei in Kopenhagen arbeitete. Hansen gelang es, reine Hefekulturen zu isolieren und zu züchten, was die Praxis der Hefereinzucht und die Verwendung reiner Hefekulturen in der Brauerei etablierte. Diese Methoden führten zu einer weiteren Verbesserung der Bierqualität und einer höheren Konsistenz in der Produktion.

Zusammenfassung:

Die Entdeckung der Hefen und ihre Rolle in der Fermentation durch Louis Pasteur war ein Wendepunkt in der Geschichte des Bierbrauens. Durch seine akribische Forschung und seine bahnbrechenden Erkenntnisse verwandelte Pasteur die Braukunst von einem handwerklichen zu einem wissenschaftlichen

Prozess. Seine Arbeit legte den Grundstein für die moderne Mikrobiologie und ermöglichte eine systematische Kontrolle und Optimierung der Bierproduktion.

Pasteurs Erbe lebt in jeder Flasche Bier weiter, die heute gebraut wird. Seine Entdeckungen haben die Qualität und Konsistenz des Bieres revolutioniert und die Grundlage für die globalen Brauindustrien geschaffen, die wir heute kennen. Die Wissenschaft der Mikrobiologie bleibt ein zentraler Bestandteil der modernen Braukunst und erinnert uns daran, dass hinter jeder großen Tradition auch wissenschaftlicher Fortschritt steckt.

Bier weltweit: Kolonialismus und Globalisierung

Die Geschichte des Bieres ist eng mit der europäischen Expansion und dem Zeitalter des Kolonialismus verknüpft. Während der Eroberung und Besiedlung neuer Länder brachten europäische Kolonialmächte ihre kulinarischen Traditionen mit, einschließlich des Bierbrauens. Diese Verbreitung europäischer Biertraditionen hatte weitreichende Auswirkungen und legte den Grundstein für die heutige globale Bierkultur.

Die Anfänge der Bierverbreitung

Mit dem Beginn des Kolonialzeitalters im 15. Jahrhundert begannen europäische Nationen, Handelsrouten zu erschließen und Kolonien in Afrika, Asien und Amerika zu gründen. Die Kolonialherren und Siedler brachten nicht nur ihre Kultur und Lebensweise mit, sondern auch ihre Vorlieben für bestimmte Lebensmittel und Getränke. Bier, das in vielen europäischen Ländern bereits fest etabliert war, wurde zu einem dieser kulturellen Exportgüter.

In den frühen Kolonien war Bier oft eine notwendige Alternative zu unsicherem Trinkwasser. Die Alkoholgärung machte das Getränk mikrobiologisch sicherer als unbehandeltes Wasser, was es zu einer bevorzugten Wahl für Siedler machte. Die ersten Brauereien in den Kolonien wurden häufig von europäischen Einwanderern gegründet, die ihre heimischen Brautraditionen mitbrachten und an die neuen Bedingungen anpassten.

Die Verbreitung in Nordamerika

In Nordamerika spielte Bier eine bedeutende Rolle bei der Etablierung europäischer Siedlungen. Bereits die Pilgerväter, die 1620 mit der Mayflower in Plymouth landeten, hatten Bier an Bord. Aufgrund der knappen Vorräte an Bord der Mayflower war Bier eines der ersten Getränke, das in der Neuen Welt gebraut wurde.

Mit dem Zustrom europäischer Einwanderer, insbesondere aus Deutschland und den Niederlanden, wuchs die Bierproduktion in Nordamerika rasant. Die deutschen Einwanderer brachten ihre Braukunst und die Vorliebe für Lagerbier mit, was zur Gründung zahlreicher Brauereien führte. Diese Brauereien waren oft Familienbetriebe, die traditionelle Rezepte und Techniken aus der Heimat verwendeten.

Ein herausragendes Beispiel für den Einfluss deutscher Brauer in Amerika ist die Geschichte der Anheuser-Busch-Brauerei. Gegründet 1852 in St. Louis, Missouri, entwickelte sich Anheuser-Busch schnell zu einem der größten Bierproduzenten in den USA. Mit der Einführung von Budweiser im Jahr 1876 schuf die Brauerei einen Bierstil, der sich schnell in ganz Amerika verbreitete und maßgeblich zur Popularität von Lagerbier beitrug.

Bier in Südamerika und Afrika

Auch in Südamerika und Afrika spielten europäische Kolonialmächte eine wichtige Rolle bei der Verbreitung von Bier. In Südamerika waren es vor allem die Spanier und Portugiesen, die ihre Brautraditionen in die Kolonien brachten. In den südamerikanischen Hochländern wurden Getreidesorten wie Mais und Quinoa verwendet, um lokale Biere zu brauen, die an die klimatischen Bedingungen angepasst waren.

In Afrika war die Situation ähnlich, wobei britische und niederländische Kolonialisten das Bierbrauen einführten. Die niederländischen Siedler, die im 17. Jahrhundert in Südafrika ankamen, gründeten die ersten Brauereien am Kap der Guten Hoffnung. Diese Brauereien versorgten nicht nur die lokale Bevölkerung, sondern auch die zahlreichen Schiffe, die auf dem Weg nach Indien und Südostasien dort Halt machten.

Die Kolonialmächte nutzten Bier auch als Mittel zur Kontrolle und zur Integration der indigenen Bevölkerung in das koloniale Wirtschaftssystem. Lokale Rohstoffe wurden zur Bierproduktion verwendet, und Brauereien wurden zu wichtigen Arbeitgebern in den Kolonien. Dies trug zur Verbreitung europäischer Biertraditionen bei, schuf aber auch neue, hybride Bierstile, die lokale Zutaten und Techniken integrierten.

Die Rolle der britischen Kolonien in Asien

In Asien spielten die britischen Kolonien eine entscheidende Rolle bei der Verbreitung des Bieres. Besonders in Indien und

Australien, die bedeutende britische Kolonien waren, entwickelte sich eine blühende Bierkultur. In Indien war das Klima eine Herausforderung für die Bierproduktion, doch die Briten fanden Wege, diese Hürde zu überwinden.

Ein ikonisches Beispiel ist das India Pale Ale (IPA), ein Bierstil, der speziell für den Export nach Indien entwickelt wurde. Um das Bier während der langen Seereise haltbar zu machen, wurde es stärker gehopft und hatte einen höheren Alkoholgehalt. Diese Maßnahmen verhinderten, dass das Bier während der Reise verdarb. IPA wurde schnell populär und ist heute weltweit bekannt und geschätzt.

In Australien gründeten britische Siedler die ersten Brauereien im frühen 19. Jahrhundert. Die Cascade Brewery, die 1824 in Tasmanien gegründet wurde, ist die älteste kontinuierlich betriebene Brauerei Australiens. Diese Brauereien produzierten zunächst Biere nach britischem Vorbild, entwickelten aber im Laufe der Zeit eigene Stile, die besser zum australischen Klima und Geschmack passten.

Die Globalisierung der Bierkultur

Mit dem Ende des Kolonialismus und dem Aufstieg der Globalisierung im 20. Jahrhundert verbreitete sich die Bierkultur weiter. Europäische Brauereien expandierten weltweit und gründeten Niederlassungen in verschiedenen Ländern. Dies führte zu einer Vermischung und Bereicherung der Bierkulturen.

Die Verbreitung internationaler Biermarken wie Heineken, Carlsberg und Guinness ist ein direktes Ergebnis dieser Globalisierung. Diese Marken sind heute in nahezu jedem Land der Welt erhältlich und haben zur Entstehung einer globalen Bierkultur beigetragen. Gleichzeitig erlebten lokale Brauereien eine Renaissance, indem sie traditionelle Methoden mit neuen Technologien kombinierten und einzigartige Biere schufen, die lokale Zutaten und Geschmäcker widerspiegeln.

Zusammenfassung:

Die Verbreitung europäischer Biertraditionen durch Kolonialismus und Globalisierung hat die Bierkultur weltweit tiefgreifend beeinflusst. Von den ersten Siedlern in Nordamerika bis zu den britischen Kolonien in Asien und Afrika hat Bier seinen Weg in nahezu jede Ecke der Welt gefunden. Diese historische Entwicklung zeigt, wie eng die Geschichte des Bieres mit der Geschichte der menschlichen Migration, des Handels und der kulturellen Interaktion verknüpft ist.

Heute genießen Menschen auf der ganzen Welt eine Vielfalt an Biersorten, die aus dieser reichen Geschichte hervorgegangen sind. Die Globalisierung hat es ermöglicht, dass lokale und internationale Bierkulturen nebeneinander bestehen und sich gegenseitig bereichern. Bier bleibt ein lebendiges Zeugnis unserer gemeinsamen Geschichte und unserer Fähigkeit, durch Austausch und Innovation Neues zu schaffen.

Prohibition und ihre Folgen

Die Prohibition, das landesweite Verbot von Alkohol, markiert eine der dramatischsten und umstrittensten Phasen in der Geschichte der Vereinigten Staaten und anderer Länder. Diese Ära hatte tiefgreifende Auswirkungen auf die Bierindustrie, die Gesellschaft und das kulturelle Leben. Die Ereignisse und Entwicklungen während dieser Zeit bieten faszinierende Einblicke in die Dynamik von Gesetzgebung, gesellschaftlichem Wandel und der menschlichen Anpassungsfähigkeit.

Die Wurzeln der Prohibition

Die Bewegung zur Einschränkung oder zum Verbot von Alkohol reicht in den Vereinigten Staaten bis ins frühe 19. Jahrhundert zurück. Moralische, religiöse und gesundheitliche Bedenken trieben die Temperenzbewegung an, die von zahlreichen Gruppierungen unterstützt wurde. Frauenorganisationen wie die Women's Christian Temperance Union und religiöse Gruppen spielten eine zentrale Rolle bei der Verbreitung der Idee, dass Alkohol das soziale Übel schlechthin sei.

Der Erste Weltkrieg verstärkte die Forderungen nach einem Verbot, da Getreide, das zur Bierherstellung verwendet wurde, als wertvolle Ressource für die Nahrungsmittelproduktion und die Kriegsanstrengungen angesehen wurde. Der Nationale Prohibitionsgedanke gewann zunehmend an politischem Einfluss, und am 16. Januar 1920 trat der 18. Verfassungszusatz in

Kraft, der die Herstellung, den Verkauf und den Transport von Alkohol in den Vereinigten Staaten verbot.

Die Umsetzung und die Schattenwirtschaft

Mit dem Inkrafttreten des Alkoholverbots begann eine Ära massiver Veränderungen. Legale Brauereien und Destillerien wurden geschlossen, und Tausende von Arbeitern verloren ihre Jobs. Der Konsum von Bier und anderen alkoholischen Getränken verlagerte sich in den Untergrund. Illegale Brennereien und Brauereien, sogenannte ›Speakeasies‹ und ›Blind Pigs‹, florierten in dieser Zeit. Diese illegalen Etablissements wurden oft von kriminellen Organisationen betrieben, die die Kontrolle über den Alkoholschmuggel übernahmen und riesige Gewinne erzielten.

Al Capone und andere Gangsterbosse erlangten durch den illegalen Handel mit Alkohol enorme Macht und Reichtum. Die Prohibition führte zu einer Welle von Gewalt und Korruption, da rivalisierende Banden um die Kontrolle über den lukrativen Schwarzmarkt kämpften. Die Durchsetzung der Prohibition erwies sich als nahezu unmöglich, da Bestechung und Korruption die Strafverfolgungsbehörden durchzogen.

Der Wandel im öffentlichen Bewusstsein

Die Realität der Prohibition stand in starkem Kontrast zu den moralischen Idealen, die ihre Befürworter propagierten. Anstatt die Gesellschaft zu verbessern, führte das Alkoholverbot zu einer Reihe von unvorhergesehenen und negativen Konsequenzen. Die Qualität des illegal produzierten Alkohols war oft schlecht und manchmal sogar lebensgefährlich, was zu zahlreichen Vergiftungen und Todesfällen führte.

Die öffentliche Meinung begann sich allmählich gegen die Prohibition zu wenden. Viele Amerikaner sahen die Gesetze als übergriffig und ineffektiv an. Der wirtschaftliche Druck der Weltwirtschaftskrise in den 1930er Jahren verstärkte die Forderungen nach einer Aufhebung des Verbots. Schließlich erkannten die politischen Führer, dass die Rückkehr zu einer regulierten Alkoholindustrie Arbeitsplätze schaffen und Steuereinnahmen generieren würde.

Das Ende der Prohibition

Am 5. Dezember 1933 wurde der 21. Verfassungszusatz ratifiziert, der den 18. Zusatz aufhob und die Prohibition beendete. Die Aufhebung brachte sofortige Veränderungen mit sich: Brauereien und Destillerien öffneten wieder, und Millionen von Dollar flossen durch Steuern auf Alkohol in die staatlichen Kassen.

Die Bierindustrie stand jedoch vor neuen Herausforderungen. Die Jahre der Prohibition hatten viele Brauereien ruiniert, und die Wiederaufnahme der Produktion war ein mühsamer Prozess. Dennoch führte die Legalisierung zu einer erneuten Blütezeit für die Bierherstellung. Große Brauereien wie Anheuser-Busch und Pabst erholten sich und expandierten rasch, während neue Brauereien entstanden, um die wachsende Nachfrage zu befriedigen.

Die Prohibition in anderen Ländern

Die USA waren nicht das einzige Land, das mit Prohibition experimentierte. Auch Kanada, Norwegen, Finnland und Island führten zeitweise Alkoholverbote ein, jedoch meist mit weniger rigorosen Maßnahmen und für kürzere Zeiträume. In Kanada führten verschiedene Provinzen zwischen 1916 und 1927 Alkoholverbote ein, doch das Schmuggeln von Alkohol aus den USA florierte. Die Provinz Quebec blieb weitgehend trocken, was dazu führte, dass Montreal zu einem wichtigen Zentrum des illegalen Alkoholhandels wurde.

In Norwegen und Finnland führten ähnliche Verbote zu Schmuggel und illegaler Produktion, und auch dort wuchs die Opposition gegen die strikten Gesetze. Diese Länder hoben ihre Verbote in den späten 1920er und frühen 1930er Jahren auf, ähnlich wie die USA, als die negativen Folgen der Prohibition offensichtlich wurden.

Langfristige Auswirkungen

Die Prohibition hinterließ nachhaltige Spuren in der amerikanischen Gesellschaft und der Bierindustrie. Einerseits führte sie zu einem verbesserten Verständnis der Bedeutung von Regulierung und Kontrolle im Alkoholgeschäft. Andererseits hatte sie die Macht und den Einfluss krimineller Organisationen gestärkt, was langfristige Auswirkungen auf die Kriminalitätsrate und das Vertrauen in die Strafverfolgung hatte.

Die Rückkehr zu legalem Alkohol brachte auch eine Reihe neuer Vorschriften und Kontrollen mit sich. Die Regulierung durch die Regierung sorgte für Qualitätsstandards und Verbraucherschutz, während die Besteuerung von Alkohol eine bedeutende Einnahmequelle wurde. Die Erfahrung der Prohibition führte zu einem differenzierteren Umgang mit Alkohol, wobei Präventionsmaßnahmen und Aufklärung in den Vordergrund traten.

Zusammenfassung:

Die Prohibition war ein komplexes soziales Experiment, das tiefgreifende und weitreichende Auswirkungen auf die amerikanische Gesellschaft und die Bierindustrie hatte. Sie zeigte, wie schwierig es sein kann, gesellschaftliches Verhalten durch gesetzliche Maßnahmen zu ändern, und wie unbeabsichtigte Konsequenzen den beabsichtigten Nutzen überwiegen können. Die Lektionen dieser Ära sind auch heute noch relevant und bieten wertvolle Einsichten in die Dynamik von Gesetzgebung, Gesellschaft und Wirtschaft. Die Prohibition und ihre Folgen sind ein bemerkenswertes Kapitel in der Geschichte des Bieres, das zeigt, wie eng verflochten Kultur, Politik und Wirtschaft sein können.

Die Nachkriegszeit: Konsolidierung der Bierindustrie

Mit dem Ende des Zweiten Weltkriegs und dem Beginn des Wiederaufbaus trat die Bierindustrie in eine neue Ära ein. Die Nachkriegszeit war geprägt von rasanten technologischen Fortschritten, wirtschaftlichem Aufschwung und einer zunehmenden Globalisierung. Diese Faktoren trugen dazu bei, dass aus vielen kleinen und mittelständischen Brauereien große multinationale Konzerne wurden, die den globalen Biermarkt dominierten.

Die Rückkehr zur Normalität

Nach den Entbehrungen des Krieges sehnten sich die Menschen weltweit nach Normalität und Lebensfreude. Bier, das in vielen Kulturen tief verwurzelt ist, spielte dabei eine zentrale Rolle. In den USA und Europa erlebte die Bierindustrie eine rasante Erholung. Die Nachfrage stieg, und die Brauereien mussten ihre Produktion schnell hochfahren, um den Durst der Bevölkerung zu stillen. Dies führte zu einer Modernisierung und Erweiterung der bestehenden Brauereien.

Ein entscheidender Faktor war die Einführung neuer Technologien und Verfahren, die die Effizienz und Qualität der Bierproduktion verbesserten. Fortschritte in der Kühltechnik ermöglichten es, Bier über längere Strecken zu transportieren, ohne dass die Qualität litt. Automatisierung und neue Brautechniken erhöhten die Produktionskapazitäten erheblich und reduzierten die Kosten.

Der Aufstieg der großen Marken

In dieser dynamischen Phase der Konsolidierung und Expansion stiegen einige Brauereien zu globalen Marktführern auf. Marken wie Anheuser-Busch, Heineken, Carlsberg und SAB-Miller bauten ihre Produktionskapazitäten aus und etablierten starke Markenidentitäten, die weltweit wiedererkennbar wurden.

Ein besonders bemerkenswertes Beispiel ist Anheuser-Busch. Bereits vor dem Krieg hatte die Brauerei mit Budweiser eine der bekanntesten Biermarken geschaffen. In den Nachkriegsjahren investierte das Unternehmen massiv in Werbung und Marketing, nutzte neue Medien wie Fernsehen und baute ein dichtes Vertriebsnetz auf. Diese Strategien machten Budweiser zu einer der bekanntesten Biermarken der Welt und trugen maßgeblich zum Aufstieg von Anheuser-Busch zum globalen Brauerei-Riesen bei.

Heineken verfolgte eine ähnliche Strategie. Die niederländische Brauerei nutzte ihre starke Marke und baute in den 1950er und 1960er Jahren ein internationales Vertriebsnetz auf. Durch den Kauf und die Gründung von Brauereien in verschiedenen Ländern konnte Heineken ihre Präsenz ausbauen und sicherstellen, dass ihre Biere weltweit verfügbar waren.

Fusionen und Übernahmen

Die Nachkriegszeit war auch eine Ära intensiver Fusionen und Übernahmen. Große Brauereien kauften kleinere Wettbewerber auf, um ihre Marktanteile zu vergrößern und neue Märkte zu erschließen. Dieser Trend zur Konsolidierung setzte sich in den folgenden Jahrzehnten fort und führte zur Entstehung riesiger multinationaler Konzerne.

Ein bedeutendes Beispiel hierfür ist die Gründung von SABMiller. Die südafrikanische Brauerei South African Breweries (SAB) expandierte in den 1990er Jahren aggressiv, indem sie Brauereien in Osteuropa, Asien und Lateinamerika aufkaufte. Durch die Fusion mit der US-amerikanischen Miller Brewing Company im Jahr 2002 entstand SABMiller, das sich schnell zu einem der größten Bierkonzerne der Welt entwickelte.

Auch Anheuser-Busch expandierte durch Übernahmen. Der bedeutendste Schritt war die Fusion mit der belgischen Brauerei InBev im Jahr 2008, aus der Anheuser-Busch InBev (AB InBev) hervorging. Dieser Zusammenschluss schuf den größten Brauereikonzern der Welt, der eine beeindruckende Palette an Biermarken in seinem Portfolio führt.

Die Globalisierung der Bierindustrie

Die Globalisierung hatte tiefgreifende Auswirkungen auf die Bierindustrie. Durch den Abbau von Handelsschranken und die Verbesserung der Logistik wurde der internationale Handel mit Bier erleichtert. Große Brauereien nutzten diese Entwicklung, um ihre Präsenz auf neuen Märkten auszubauen. Gleichzeitig wurden lokale Brauereien in vielen Ländern aufgekauft oder verdrängt, was zu einer Homogenisierung des globalen Biermarktes führte.

Der internationale Wettbewerb nahm zu, und die Brauereien investierten zunehmend in Marketing und Werbung, um sich von der Konkurrenz abzuheben. Marken wie Heineken und Budweiser wurden weltweit bekannt und symbolisierten die Globalisierung der Bierindustrie. Diese Entwicklung hatte sowohl positive als auch negative Auswirkungen: Einerseits erhielten Konsumenten Zugang zu einer breiten Vielfalt an Bieren aus aller Welt, andererseits ging die Vielfalt lokaler Braukunst in vielen Regionen zurück.

Innovationen und neue Trends

Trotz der Dominanz großer Brauereien gab es auch Raum für Innovation und die Entstehung neuer Trends. Die 1970er und 1980er Jahre brachten eine Renaissance der handwerklichen Braukunst hervor. In den USA führte die Craft-Beer-Bewegung zur Gründung zahlreicher kleiner Brauereien, die sich auf qualitativ hochwertige und oft experimentelle Biere spezialisierten. Diese Bewegung breitete sich schnell nach Europa und in andere Teile der Welt aus und bot eine Alternative zu den Massenprodukten der großen Konzerne.

Die Craft-Beer-Revolution brachte eine Vielzahl neuer Bierstile und Aromen hervor und förderte die Kreativität und Innovation in der Bierbranche. Kleinere Brauereien nutzten traditionelle Braumethoden und lokale Zutaten, um einzigartige Biere zu schaffen, die oft eine starke Verbindung zu ihrer Region hatten. Diese Entwicklung führte zu einer Wiederbelebung der Bierkultur und inspirierte auch größere Brauereien, neue und interessante Produkte auf den Markt zu bringen.

Nachhaltigkeit und soziale Verantwortung

In jüngerer Zeit haben sich viele Brauereien der Herausforderung gestellt, ihre Produktion nachhaltiger und umweltfreundlicher zu gestalten. Große multinationale Konzerne wie AB InBev und Heineken haben umfangreiche Programme zur Reduzierung ihres ökologischen Fußabdrucks gestartet. Dazu gehören Maßnahmen zur Verringerung des Wasserverbrauchs, zur Verbesserung der Energieeffizienz und zur Förderung des Recyclings.

Gleichzeitig haben viele Brauereien soziale Initiativen gestartet, um lokale Gemeinschaften zu unterstützen und einen positiven Beitrag zur Gesellschaft zu leisten. Dies umfasst Programme zur Förderung verantwortungsvollen Alkoholkonsums, zur Unterstützung von Kleinbauern und zur Schaffung von Arbeitsplätzen in wirtschaftlich schwachen Regionen.

Zusammenfassung:

Die Nachkriegszeit markierte eine Phase tiefgreifender Veränderungen und Konsolidierungen in der Bierindustrie. Technologische Fortschritte, wirtschaftlicher Aufschwung und die Globalisierung schufen die Voraussetzungen für den Aufstieg großer multinationaler Brauereien. Trotz der Dominanz dieser Konzerne blieben Raum und Nachfrage für Innovation und Vielfalt bestehen, was zur Entstehung der Craft-Beer-Bewegung und zu neuen Trends führte.

Die Geschichte der Bierindustrie nach dem Zweiten Weltkrieg zeigt, wie dynamisch und anpassungsfähig diese Branche ist. Sie reflektiert die Fähigkeit der Menschen, Tradition und Innovation zu verbinden und auf globale Herausforderungen zu reagieren. In einer Welt, die zunehmend von großen Konzernen dominiert wird, bleibt die Leidenschaft für Bier und die Kunst des Brauens lebendig und inspiriert weiterhin Brauer und Bierliebhaber auf der ganzen Welt.

Die Craft Beer Revolution

In den späten 1970er und frühen 1980er Jahren zeichnete sich eine bemerkenswerte Entwicklung in der Bierbranche ab: die Craft Beer Revolution. Diese Bewegung, die in den Vereinigten Staaten ihren Anfang nahm und sich bald weltweit ausbreitete, war geprägt von der Wiederentdeckung traditioneller Braumethoden und der Entstehung zahlreicher Mikrobrauereien. Die Craft Beer Revolution brachte frischen Wind in eine Branche, die lange Zeit von großen multinationalen Konzernen dominiert wurde, und führte zu einer beispiellosen Vielfalt und Kreativität in der Bierherstellung.

Die Wurzeln der Revolution

Die Craft Beer Revolution entstand aus einer Unzufriedenheit mit den industriell hergestellten Bieren, die in den 1970er Jahren den Markt dominierten. Diese Biere, oft als ›Mainstream-Lagerbiere‹ bezeichnet, wurden in großen Mengen produziert und setzten auf Konsistenz und Massenabsatz, was oft auf Kosten von Geschmack und Vielfalt ging. Bierliebhaber und Brauer suchten nach Alternativen, die reicher an Aromen und traditioneller in der Herstellung waren.

In den USA, dem Epizentrum der Craft Beer Revolution, spielten Pioniere wie Fritz Maytag, der 1965 die Anchor Brewing Company in San Francisco übernahm, eine Schlüsselrolle. Maytag setzte auf traditionelle Braumethoden und entwickelte

Biere, die sich deutlich von den massenproduzierten Sorten abhoben. Ein weiteres frühes Beispiel ist die New Albion Brewery, die 1976 von Jack McAuliffe in Kalifornien gegründet wurde. Diese Brauereien legten den Grundstein für eine Bewegung, die die Bierkultur weltweit nachhaltig verändern sollte.

Mikrobrauereien und ihre Philosophie

Die Mikrobrauereien, die im Zuge der Craft Beer Revolution entstanden, hatten eine gemeinsame Philosophie: Sie wollten Biere brauen, die sich durch Qualität, Vielfalt und handwerkliches Können auszeichneten. Diese Brauereien waren oft klein, unabhängig und lokal verwurzelt. Sie setzten auf traditionelle Braumethoden, experimentierten mit neuen Zutaten und Bierstilen und stellten die Leidenschaft für das Brauen und die Verbindung zur Region in den Vordergrund.

Ein zentrales Merkmal der Mikrobrauereien war ihre Experimentierfreudigkeit. Sie griffen auf historische Bierstile zurück und kombinierten sie mit modernen Einflüssen, was zu einer Explosion neuer Aromen und Variationen führte. Beliebte Bierstile wie India Pale Ale (IPA), Stout, Porter und Saison wurden neu interpretiert und erfreuten sich großer Beliebtheit bei Bierkennern. Gleichzeitig entstanden völlig neue Bierstile, die oft nur in begrenzten Mengen und für den lokalen Markt gebraut wurden.

Die Bedeutung der Gemeinschaft

Ein wesentlicher Aspekt der Craft Beer Revolution war die enge Verbindung zwischen den Brauereien und ihrer lokalen Gemeinschaft. Mikrobrauereien fungierten nicht nur als Produktionsstätten, sondern auch als soziale Treffpunkte. Taprooms und Brauereipubs boten den Menschen die Möglichkeit, direkt vor Ort frisches Bier zu genießen, mehr über den Brauprozess zu erfahren und die Brauer persönlich kennenzulernen. Diese Orte wurden zu Zentren des Austauschs und der Gemeinschaft.

Die lokalen Wurzeln der Mikrobrauereien führten auch zu einer stärkeren Betonung regionaler Zutaten und Traditionen. Viele Brauer nutzten lokale Hopfensorten, Getreide und andere Zutaten, um Biere zu kreieren, die ihre Herkunft widerspiegelten. Diese Regionalität trug dazu bei, die Vielfalt und Identität der Bierlandschaft zu stärken und den Konsumenten ein authentisches und unverwechselbares Erlebnis zu bieten.

Die globale Ausbreitung

Was in den USA begann, breitete sich schnell auf der ganzen Welt aus. In Europa, Asien und Australien entstanden ebenfalls zahlreiche Mikrobrauereien, die sich der Craft Beer Bewegung anschlossen und ihre eigene Interpretation von handwerklichem Bier entwickelten. Diese globale Verbreitung führte zu einem regen Austausch von Ideen und Techniken zwischen den Brauern verschiedener Länder und Kulturen.

In Deutschland, dem Land des Reinheitsgebots, entwickelte sich die Craft Beer Szene besonders dynamisch. Obwohl die Tradition des Bierbrauens in Deutschland tief verwurzelt ist, brachten die neuen Craft Brauer frische Impulse und neue Bierstile in die deutsche Bierlandschaft. Sie kombinierten die hohe handwerkliche Qualität und Präzision der deutschen Braukunst mit der Kreativität und Experimentierfreude der internationalen Craft Beer Bewegung.

Auch in Großbritannien, Belgien und den skandinavischen Ländern fanden Craft Biere schnell begeisterte Anhänger. Diese Länder hatten bereits eine reiche Bierkultur, die durch die neuen Einflüsse noch vielfältiger und spannender wurde. In Asien, insbesondere in Japan, China und Südkorea, entstanden ebenfalls zahlreiche Mikrobrauereien, die traditionelle und moderne Bierstile miteinander verbanden und so neue Märkte erschlossen.

Herausforderungen und Erfolge

Die Craft Beer Revolution war nicht ohne Herausforderungen. Der Markt war hart umkämpft, und viele Mikrobrauereien mussten wirtschaftliche und logistische Hürden überwinden. Die Konkurrenz durch große Braukonzerne, die ebenfalls auf den Craft Beer Trend reagierten und eigene ›handwerkliche‹ Marken lancierten, stellte eine weitere Herausforderung dar. Dennoch konnte sich die Craft Beer Bewegung behaupten und wachsen, dank der unermüdlichen Leidenschaft und Kreativität ihrer Akteure.

Ein wichtiger Erfolgsfaktor war die Bereitschaft der Craft Brauer, zusammenzuarbeiten und Wissen zu teilen. Gemeinschaftliche Projekte, wie gemeinsame Brausessions und Bierfestivals, förderten den Austausch und die Weiterentwicklung der Braukunst. Diese Kollaborationen trugen dazu bei, die Craft Beer Szene zu stärken und innovative Ideen zu verbreiten.

Die Zukunft der Craft Beer Bewegung

Heute ist die Craft Beer Bewegung fest etabliert und ein wichtiger Bestandteil der globalen Bierkultur. Die Vielfalt der angebotenen Biere und die Innovationskraft der Brauer sind ungebrochen. Die Bewegung hat die Art und Weise, wie Bier wahrgenommen und genossen wird, grundlegend verändert und viele Konsumenten dazu inspiriert, sich bewusster mit dem Thema Bier auseinanderzusetzen.

Die Zukunft der Craft Beer Bewegung sieht vielversprechend aus. Nachhaltigkeit und Umweltschutz werden zunehmend wichtige Themen, und viele Mikrobrauereien setzen auf umweltfreundliche Produktionsmethoden und regionale Zutaten. Gleichzeitig bleibt die Experimentierfreudigkeit der Brauer ein zentraler Antrieb, der weiterhin für neue und aufregende Bierkreationen sorgen wird.

Zusammenfassung:

Die Craft Beer Revolution hat die Bierwelt nachhaltig verändert. Durch die Wiederentdeckung traditioneller Braumethoden und die Entstehung von Mikrobrauereien wurde eine neue Ära des Bierbrauens eingeläutet, die durch Vielfalt, Qualität und Innovation geprägt ist. Diese Bewegung hat nicht nur die Bierkultur bereichert, sondern auch die Verbindung zwischen Brauern und Konsumenten gestärkt und die Bedeutung von Gemeinschaft und Regionalität in den Vordergrund gerückt.

Die Geschichte der Craft Beer Revolution ist eine Geschichte von Leidenschaft, Kreativität und der unermüdlichen Suche nach dem perfekten Bier. Sie zeigt, dass es selbst in einer von großen Konzernen dominierten Welt möglich ist, durch handwerkliches Können und Engagement neue Wege zu gehen und alte Traditionen in neuem Glanz erstrahlen zu lassen.

Moderne Brautechniken und Innovationen

Das 21. Jahrhundert hat für die Bierwelt eine Vielzahl an neuen Technologien und Trends hervorgebracht, die die Braukunst revolutionieren. Moderne Brautechniken haben nicht nur die Effizienz und Qualität der Produktion verbessert, sondern auch die Möglichkeiten für Kreativität und Innovation erweitert. Die Brauereien nutzen fortschrittliche Technologie, um neue Geschmackserlebnisse zu schaffen, und setzen dabei verstärkt auf Nachhaltigkeit und Regionalität.

Die digitale Revolution im Brauereiwesen

Eine der bedeutendsten Entwicklungen des 21. Jahrhunderts ist die Digitalisierung der Brauereien. Moderne Brauereien nutzen eine Vielzahl von digitalen Werkzeugen, um den Brauprozess zu optimieren und zu überwachen. Automatisierte Brausysteme ermöglichen es, den Brauvorgang präzise zu steuern, was zu einer konstanten Qualität und höheren Effizienz führt. Sensoren und Echtzeitdatenanalyse helfen dabei, den Zustand der Zutaten und den Fortschritt des Brauprozesses zu überwachen und sofort auf Abweichungen zu reagieren.

Diese Technologien ermöglichen es den Brauern, detaillierte Protokolle über jeden Schritt des Brauprozesses zu führen.

Diese Daten können genutzt werden, um zukünftige Chargen zu verbessern und sicherzustellen, dass jedes Bier den hohen Standards der Brauerei entspricht. Die Digitalisierung erleichtert auch die Nachverfolgbarkeit, was besonders für Brauereien wichtig ist, die Wert auf Transparenz und Qualitätssicherung legen.

Nachhaltigkeit und Umweltbewusstsein

Im 21. Jahrhundert ist Nachhaltigkeit zu einem zentralen Anliegen der Bierbranche geworden. Brauereien weltweit suchen nach Wegen, ihre Produktion umweltfreundlicher zu gestalten. Dies umfasst Maßnahmen zur Reduzierung des Wasser- und Energieverbrauchs, den Einsatz erneuerbarer Energien und die Minimierung von Abfall.

Ein herausragendes Beispiel für nachhaltige Innovationen ist die Nutzung von Reststoffen aus der Bierproduktion. Viele Brauereien haben begonnen, Nebenprodukte wie Treber und Hefe weiterzuverarbeiten. Treber, der nach dem Maischen übrig bleibt, wird häufig als Futtermittel für Tiere oder als Basis für neue Lebensmittelprodukte genutzt. Einige Brauereien haben sogar Partnerschaften mit lokalen Bäckereien und Lebensmittelproduzenten aufgebaut, um aus Treber Brot, Snacks oder Biokraftstoffe herzustellen.

Auch die Verpackung wird zunehmend nachhaltig gestaltet. Viele Brauereien setzen auf recycelbare oder wiederverwendbare Verpackungen und bemühen sich, den Einsatz von Plastik zu reduzieren. Innovative Verpackungslösungen, wie biologisch abbaubare Dosenhalter und Mehrwegflaschen, tragen dazu bei, den ökologischen Fußabdruck der Bierproduktion zu verringern.

Experimentelle Brautechniken und neue Bierstile

Die Experimentierfreude der Craft Beer Bewegung hat im 21. Jahrhundert neue Höhen erreicht. Moderne Brauer nutzen eine Vielzahl an Techniken und Zutaten, um außergewöhnliche Bierstile zu kreieren. Dabei kommen sowohl traditionelle Methoden als auch hochmoderne Technologien zum Einsatz.

Eine bemerkenswerte Innovation ist der Einsatz von Hybrid-Brautechniken, bei denen Elemente verschiedener Brauverfahren kombiniert werden, um neue Geschmackserlebnisse zu schaffen. Ein Beispiel hierfür ist das ›Kveik‹-Bier, das auf traditionellen norwegischen Hefe-Stämmen basiert und durch moderne Braumethoden veredelt wird. Diese Hefe-Stämme fermentieren bei höheren Temperaturen und produzieren dabei einzigartige Aromen, die in modernen Bieren eine neue Geschmacksdimension eröffnen.

Auch der Einsatz von unkonventionellen Zutaten hat zugenommen. Früchte, Gewürze, Kräuter und sogar ungewöhnliche Zutaten wie Kaffee oder Schokolade werden verwendet, um Biere mit komplexen und überraschenden Geschmacksprofilen zu kreieren. Der Trend zu sogenannten ›Sour Ales‹ und ›Wild Ales‹, bei denen wilde Hefen und Bakterien zur Fermentation eingesetzt werden, hat ebenfalls zu einer Erweiterung der Bierlandschaft beigetragen.

Künstliche Intelligenz und maschinelles Lernen

Künstliche Intelligenz (KI) und maschinelles Lernen haben Einzug in die Bierproduktion gehalten und bieten neue Möglichkeiten zur Optimierung des Brauprozesses. Diese Technologien ermöglichen es Brauereien, große Datenmengen zu analysieren und Muster zu erkennen, die von Menschen übersehen werden könnten. So können Brauer beispielsweise die ideale Kombination von Zutaten und Fermentationsbedingungen finden, um das perfekte Bier zu brauen.

Einige Brauereien experimentieren sogar mit KI-generierten Rezepten. Algorithmen analysieren historische Bierdaten und Kundenfeedback, um neue Rezepturen zu entwickeln, die die Vorlieben der Konsumenten treffen. Diese Technologien bieten nicht nur neue Ansätze für die Rezeptentwicklung, sondern helfen auch dabei, den Produktionsprozess effizienter und ressourcenschonender zu gestalten.

Die Rückkehr zu lokalen und traditionellen Ansätzen

Parallel zu den technologischen Fortschritten gibt es auch eine starke Bewegung hin zu lokalen und traditionellen Braumethoden. Viele Brauereien setzen auf lokale Zutaten und beziehen ihre Rohstoffe von regionalen Bauern und Lieferanten. Dieser Trend stärkt nicht nur die lokale Wirtschaft, sondern fördert auch die Nachhaltigkeit durch kürzere Transportwege und eine engere Verbindung zur Region.

Die Rückbesinnung auf traditionelle Brautechniken hat zu einer Renaissance alter Bierstile geführt. Historische Rezepte werden wiederentdeckt und modern interpretiert, was zu einer Vielfalt an Bieren führt, die gleichzeitig vertraut und neu sind. Diese Kombination aus Tradition und Innovation bereichert die Bierkultur und bietet den Konsumenten eine breite Palette an Geschmackserlebnissen.

Die Rolle der Konsumenten

Moderne Brautechniken und Innovationen wären ohne die sich verändernden Erwartungen und Vorlieben der Konsumenten nicht möglich. Heutige Biertrinker sind informierter und anspruchsvoller als je zuvor. Sie schätzen Qualität, Vielfalt und Authentizität und sind bereit, neue Geschmacksrichtungen und Bierstile zu erkunden.

Brauereien reagieren auf diese Nachfrage, indem sie transparenter und kreativer werden. Viele bieten Brauereiführungen und Verkostungen an, bei denen die Konsumenten einen Blick hinter die Kulissen werfen und mehr über die Kunst des Bierbrauens erfahren können. Diese Interaktion zwischen Brauer und Konsument fördert ein tieferes Verständnis und eine größere Wertschätzung für das Produkt Bier.

Zusammenfassung:

Das 21. Jahrhundert hat die Bierwelt durch moderne Brautechniken und Innovationen grundlegend verändert. Die Digitalisierung und Automatisierung der Produktion, der Fokus auf Nachhaltigkeit, die Experimentierfreude bei der Verwendung neuer Zutaten und Methoden sowie der Einsatz von künstlicher Intelligenz haben die Möglichkeiten der Bierherstellung erweitert und zu einer neuen Blütezeit der Braukunst geführt.

Gleichzeitig bleibt die Verbindung zu traditionellen Methoden und lokalen Zutaten ein wichtiger Bestandteil der modernen Bierkultur. Diese Kombination aus Fortschritt und Tradition hat eine beispiellose Vielfalt an Bieren hervorgebracht und die Art und Weise, wie Bier produziert, wahrgenommen und genossen wird, revolutioniert.

Die Zukunft der Bierproduktion sieht spannend aus. Mit fortschreitender Technologie und einem zunehmenden Bewusstsein für Nachhaltigkeit und Regionalität wird die Bierbranche weiterhin innovative Wege finden, um den Konsumenten einzigartige und qualitativ hochwertige Biere zu bieten. Die Craft Beer Revolution hat gezeigt, dass Leidenschaft, Kreativität und ein tiefes Verständnis für die Kunst des Bierbrauens die treibenden Kräfte hinter dieser dynamischen und sich ständig weiterentwickelnden Branche sind.

Bier und Kultur: Festivals und Traditionen

Bier ist weit mehr als nur ein Getränk. Es ist ein kulturelles Phänomen, das tief in der Geschichte und den Traditionen vieler Gesellschaften verwurzelt ist. Vom rustikalen Charme lokaler Kneipen bis hin zu den schillernden Bierfestivals wie dem weltberühmten Oktoberfest – Bier hat eine zentrale Rolle in der modernen Kultur und bei festlichen Anlässen auf der ganzen Welt.

Das Oktoberfest:

Ein Symbol bayerischer Kultur

Das Oktoberfest in München ist das größte Volksfest der Welt und ein Paradebeispiel für die kulturelle Bedeutung des Bieres. Seit seiner Entstehung im Jahr 1810, als es zu Ehren der Hochzeit von Kronprinz Ludwig und Prinzessin Therese stattfand, hat sich das Oktoberfest zu einem globalen Phänomen entwickelt. Jährlich strömen Millionen von Besuchern aus aller Welt nach München, um die einzigartige Atmosphäre, die traditionelle bayerische Musik, die Trachten und vor allem das Bier zu genießen.

Die Bierzelte sind das Herzstück des Oktoberfests. Hier schenken Münchens berühmte Brauereien wie Augustiner, Paulaner und Hofbräu ihr speziell für das Oktoberfest gebrautes Märzenbier aus. Die Maßkrüge, in denen das Bier serviert wird, haben ein Fassungsvermögen von einem Liter und sind zu Symbolen des Festes geworden. Das Oktoberfestbier ist stärker und malziger als das typische Helle, was es besonders schmackhaft und festlich macht.

Neben dem Bier sind es die Bräuche und Traditionen, die das Oktoberfest so besonders machen. Trachtenumzüge, Volkstänze und traditionelle bayerische Gerichte wie Brezn, Weißwurst und Hendl tragen zur authentischen Festatmosphäre bei. Das Oktoberfest ist ein Fest der Gemeinschaft, bei dem Menschen aller Nationalitäten zusammenkommen, um gemeinsam zu feiern und die bayerische Kultur zu erleben.

Internationale Bierfestivals und ihre Eigenheiten

Neben dem Oktoberfest gibt es weltweit zahlreiche Bierfestivals, die die kulturelle Bedeutung des Bieres unterstreichen. Diese Festivals bieten eine Bühne für lokale und internationale Brauereien, ihre Biere vorzustellen, und für Bierliebhaber, die Vielfalt und Kreativität der Braukunst zu erleben.

In Belgien, einem Land mit einer reichen Biertradition, findet das Brüsseler Bierfest statt, bei dem die berühmten Trappistenbiere und Lambics im Mittelpunkt stehen. Belgisches Bier ist für seine Vielfalt und Komplexität bekannt, und das Festival bietet eine hervorragende Gelegenheit, diese einzigartigen Stile zu verkosten und mehr über ihre Herstellung zu erfahren.

In den USA ist das Great American Beer Festival (GABF) in Denver, Colorado, ein Highlight der Craft Beer Szene. Mit tausenden Bieren von Hunderten von Brauereien ist das GABF ein Mekka für Bierenthusiasten und eine Feier der Innovation und Vielfalt der amerikanischen Brauszene. Das Festival umfasst Wettbewerbe, bei denen Biere in verschiedenen Kategorien ausgezeichnet werden, was den Brauern Anerkennung und Prestige verleiht.

Auch in Japan hat sich das Bier einen festen Platz in der Kultur erobert. Das Japanische Bierfestival (JBW) in Yokohama zeigt die wachsende Craft Beer Bewegung in Asien. Hier treffen traditionelle Braumethoden auf moderne Interpretationen, und die Besucher können Biere probieren, die mit lokalen Zutaten wie Reis und grünem Tee gebraut wurden.

Bier als kulturelles Bindeglied

Bier hat die einzigartige Fähigkeit, Menschen zu verbinden und Gemeinschaften zu stärken. Dies zeigt sich nicht nur bei großen Festivals, sondern auch in alltäglichen sozialen Zusammenkünften. In vielen Kulturen ist das Biertrinken in geselliger Runde ein wichtiges Ritual. Lokale Kneipen und Brauhäuser sind Treffpunkte, an denen sich Menschen aus verschiedenen sozialen Schichten und Hintergründen begegnen, um zu plaudern, zu lachen und den Alltag zu vergessen.

In Irland zum Beispiel ist das Pub ein integraler Bestandteil des sozialen Lebens. Pubs sind nicht nur Orte des Biertrinkens, sondern auch Zentren der Kultur, an denen traditionelle Musik gespielt wird und Geschichten ausgetauscht werden. Das irische Stout, insbesondere Guinness, hat weltweit Kultstatus erreicht und ist ein Symbol irischer Gastfreundschaft und Lebensfreude.

In Deutschland spielt Bier ebenfalls eine zentrale Rolle im sozialen Gefüge. Biergärten, die ihren Ursprung in Bayern haben, bieten eine entspannte Atmosphäre, in der Familien und Freunde zusammenkommen, um unter schattigen Kastanienbäumen Bier zu trinken und regionale Spezialitäten zu genießen. Diese Biergärten sind Orte der Entspannung und der Gemeinschaft, die im Sommer besonders beliebt sind.

Die moderne Bierkultur:

Craft Beer und Innovation

Die Craft Beer Bewegung hat die Bierkultur im 21. Jahrhundert maßgeblich verändert. Kleine, unabhängige Brauereien haben weltweit an Bedeutung gewonnen und bringen frischen Wind in die Bierlandschaft. Diese Brauereien setzen auf Qualität, Kreativität und handwerkliches Können, was zu einer beeindruckenden Vielfalt an Bierstilen und Geschmacksrichtungen führt.

Craft Beer Festivals sind inzwischen global verbreitet und bieten eine Plattform für Brauer, ihre neuesten Kreationen vorzustellen. Diese Festivals sind Orte des Austauschs und der Entdeckung, an denen Bierliebhaber die neuesten Trends und Innovationen kennenlernen können. Von Hopfenbomben über saure Ales bis hin zu exotischen Biermischungen – die Vielfalt und Experimentierfreude der Craft Beer Szene kennt kaum Grenzen.

Die Craft Beer Bewegung hat auch die Art und Weise verändert, wie Menschen Bier konsumieren und darüber sprechen. Bierverkostungen, Bier-Pairing-Dinner und Braukurse sind nur einige der Aktivitäten, die das Interesse und die Wertschätzung für Bier fördern. Diese neuen Ansätze haben Bier aus der Ecke des einfachen Durstlöschers geholt und es in den Rang eines komplexen und vielfältigen Genussmittels erhoben.

Zusammenfassung:

Bier ist weit mehr als nur ein Getränk. Es ist ein kulturelles Erbe, ein Symbol der Gemeinschaft und ein Ausdruck von Kreativität und Innovation. Die Festivals und Traditionen rund um das Bier spiegeln die tiefe Verbundenheit der Menschen mit diesem Getränk wider und zeigen, wie Bier Brücken zwischen Kulturen und Generationen schlagen kann.

Vom rustikalen Charme der bayerischen Biergärten über die pulsierenden Craft Beer Festivals bis hin zu den geselligen Runden in irischen Pubs – Bier ist ein fester Bestandteil der kulturellen Landschaft und wird es auch in Zukunft bleiben. Die Rolle des Bieres in der modernen Kultur und bei festlichen

Anlässen ist ein lebendiges Zeugnis seiner anhaltenden Relevanz und Beliebtheit. In einer sich ständig verändernden Welt bleibt Bier ein konstanter Begleiter, der Menschen zusammenbringt und Momente des Glücks und der Gemeinschaft schafft.

Die Vielfalt der Biersorten: Eine Reise durch die Welt der Bierstile

Bier ist ein Getränk, das sich durch eine beeindruckende Vielfalt an Stilen und Geschmacksrichtungen auszeichnet. Diese Vielfalt ist das Ergebnis jahrhundertelanger Brautradition, regionaler Unterschiede und kreativer Innovation. Von leichten, erfrischenden Bieren bis hin zu dunklen, komplexen Gebräuen bietet die Welt des Bieres für jeden Geschmack etwas. In diesem Kapitel unternehmen wir eine Reise durch die verschiedenen Bierstile und entdecken ihre charakteristischen Merkmale.

Lager und Pilsner:

Die Klassiker der Bierwelt

Lagerbiere gehören zu den weltweit am häufigsten konsumierten Bieren. Ihre Popularität verdanken sie ihrer klaren, sauberen und erfrischenden Art. Lagerbiere werden bei niedrigen Temperaturen und mit untergäriger Hefe gebraut, was ihnen einen glatten und leicht trinkbaren Charakter verleiht. Pilsner, eine Unterkategorie des Lagers, wurde Mitte des 19. Jahrhunderts in der böhmischen Stadt Pilsen entwickelt. Mit seiner hellgoldenen Farbe, seinem knackigen Hopfengeschmack und seiner spritzigen Karbonisierung setzte es neue Maßstäbe und wurde zum Inbegriff des Lagerbieres.

Ale:

Die Vielseitigen

Ales sind eine breite Kategorie von Bieren, die mit obergäriger Hefe bei höheren Temperaturen gebraut werden. Diese Biersorte zeichnet sich durch eine größere Vielfalt an Aromen und Geschmacksrichtungen aus, was sie besonders vielseitig macht.

Pale Ale und India Pale Ale (IPA)

Pale Ales sind helle, hopfenbetonte Biere mit einer angenehmen Malzigkeit. Sie stammen ursprünglich aus England und haben sich weltweit verbreitet. India Pale Ales, kurz IPAs, sind eine stärkere und hopfenreichere Variante des Pale Ales. Sie wurden im 19. Jahrhundert für den Export nach Indien gebraut und sind heute vor allem in der Craft Beer Szene äußerst beliebt. IPAs bestechen durch ihre intensiven Hopfenaromen, die von Zitrusfrüchten über tropische Früchte bis hin zu harzigen und blumigen Noten reichen.

Brown Ale und Porter

Brown Ales sind dunkle Biere mit einem malzigen, nussigen und oft leicht süßlichen Geschmack. Sie stammen aus England und sind in ihrer traditionellen Form eher mild und ausgewogen. Porter, ebenfalls ein dunkles Ale, ist kräftiger und komplexer. Mit seinen Noten von Schokolade, Kaffee und Karamell gilt Porter als Vorläufer des Stouts.

Stout:

Dunkel und intensiv

Stouts sind bekannt für ihre tiefschwarze Farbe und ihre intensiven Aromen. Sie werden aus stark geröstetem Malz oder Gerste gebraut, was ihnen ihre charakteristischen Röst- und Kaffeearomen verleiht. Der berühmteste Vertreter dieser Kategorie ist das Irish Stout, insbesondere Guinness. Ein weiteres Beispiel ist das Imperial Stout, das sich durch seinen hohen Alkoholgehalt und seine komplexe, oft fruchtige und schokoladige Aromatik auszeichnet.

Weizenbier:

Frisch und fruchtig

Weizenbier, auch Weißbier genannt, ist besonders in Deutschland beliebt. Es wird aus Weizenmalz gebraut, was ihm einen hellen, trüben Look und einen erfrischenden Geschmack verleiht. Charakteristisch für Weizenbier sind die fruchtigen und würzigen Aromen, die oft an Banane und Nelke erinnern. Besonders bekannt sind die bayerischen Hefeweizen, die mit obergäriger Hefe gebraut werden und sich durch ihre natürliche Trübung auszeichnen.

Sour Ales:

Sauer und komplex

Sauerbiere sind eine besondere Kategorie, die sich durch ihre saure Geschmacksnote auszeichnet. Diese Biere werden oft mit speziellen Hefen oder Bakterien fermentiert, die für die Säure verantwortlich sind. Ein bekanntes Beispiel ist die belgische Lambic, die spontan vergoren wird und oft in Kombination mit Früchten wie Kirschen (Kriek) oder Himbeeren (Framboise) angeboten wird. Eine weitere belgische Spezialität ist das Geuze, eine Mischung aus verschiedenen Jahrgängen von Lambics, die in der Flasche nachgärt.

Belgiens reiche Biertradition

Belgien ist bekannt für seine außergewöhnliche Bierkultur und die Vielfalt seiner Bierstile. Belgische Biere zeichnen sich durch ihre Komplexität und die Verwendung verschiedener Hefestämme aus, die einzigartige Aromen erzeugen.

Trappisten- und Abteibiere

Trappistenbiere werden von Trappistenmönchen in Klöstern gebraut und zeichnen sich durch ihre hohe Qualität und die traditionelle Brauweise aus. Diese Biere sind oft stark und malzbetont, mit einer Vielzahl von Aromen, die von fruchtig bis würzig reichen. Abteibiere sind ähnlich, werden aber nicht unbedingt in Klöstern gebraut und sind oft nach ähnlichen Rezepten hergestellt.

Saison und Witbier

Saison, ursprünglich ein Sommerbier aus der Region Wallonien, ist ein helles, erfrischendes und leicht würziges Bier. Witbier, auch Weißbier genannt, ist ein belgisches Weizenbier, das mit Koriander und Orangenschalen gewürzt wird, was ihm seinen charakteristischen, leicht fruchtigen Geschmack verleiht.

Craft Beer:

Innovation und Vielfalt

Die Craft Beer Bewegung hat eine Revolution in der Bierwelt ausgelöst und zur Entstehung zahlreicher neuer Bierstile und -variationen geführt. Craft Brauereien experimentieren mit ungewöhnlichen Zutaten, innovativen Brautechniken und kreativen Rezepten, um einzigartige Biere zu kreieren.

Barrel-Aged und Hybridbiere

Barrel-Aged Biere reifen in Holzfässern, oft in solchen, die zuvor Whisky, Wein oder andere Spirituosen enthielten. Diese Lagerung verleiht den Bieren komplexe Aromen und eine besondere Tiefe. Hybridbiere kombinieren verschiedene Bierstile oder fügen Elemente anderer Getränke hinzu, wie etwa Weine oder Spirituosen, um neue Geschmackserlebnisse zu schaffen.

New England IPA und andere Trends

Das New England IPA, bekannt für seine trübe Erscheinung und intensiven Fruchtaromen, hat sich in den letzten Jahren als Trendsetter etabliert. Es ist weniger bitter als traditionelle IPAs und zeichnet sich durch eine weiche, saftige Textur aus. Andere Trends umfassen die Rückbesinnung auf traditionelle Brautechniken und lokale Zutaten sowie die Entwicklung von Session-Bieren, die trotz ihres geringeren Alkoholgehalts reich an Geschmack sind.

Zusammenfassung:

Die unendliche Vielfalt der Bierwelt

Die Welt des Bieres ist so vielfältig wie faszinierend. Jeder Bierstil hat seine eigene Geschichte, seine eigenen Aromen und seine eigenen Besonderheiten. Von den klassischen Lagern und Ales über die dunklen und intensiven Stouts bis hin zu den frischen und fruchtigen Weizenbieren bietet Bier eine unendliche Bandbreite an Geschmackserlebnissen. Diese Vielfalt spiegelt nicht nur die Kreativität und das handwerkliche Können der Brauer wider, sondern auch die kulturellen und regionalen Unterschiede, die Bier zu einem so besonderen Getränk machen. In einer Zeit, in der Craft Beer und Innovationen die Bierlandschaft prägen, bleibt eines klar: Die Entdeckung und das Genießen der verschiedenen Bierstile ist eine Reise, die niemals endet.

Bier und Ernährung: Mythen und Fakten

Bier ist seit Jahrtausenden ein fester Bestandteil der menschlichen Ernährung. Doch was steckt wirklich in diesem beliebten Getränk? Sind die Geschichten über seine gesundheitlichen Vor- und Nachteile wahr? Dieses Kapitel beleuchtet die gesundheitlichen Aspekte des Bierkonsums und räumt mit einigen weitverbreiteten Mythen auf.

Die Zusammensetzung von Bier

Bier besteht hauptsächlich aus Wasser, Malz, Hopfen und Hefe. Diese natürlichen Zutaten liefern eine Vielzahl von Nährstoffen. Malz, das durch das Einweichen und Keimen von Getreide hergestellt wird, enthält Vitamine wie B6, Niacin und Riboflavin sowie Mineralstoffe wie Magnesium und Kalium. Hopfen trägt nicht nur zur Bitterkeit und zum Aroma des Bieres bei, sondern enthält auch polyphenolische Verbindungen, die antioxidative Eigenschaften haben. Hefe ist eine Quelle von B-Vitaminen und Proteinen.

Bier und Herzgesundheit

In Maßen genossen, kann Bier tatsächlich positive Effekte auf die Herzgesundheit haben. Studien haben gezeigt, dass moderate Biertrinker ein geringeres Risiko für Herz-Kreislauf-Erkrankungen haben können als Abstinenzler oder Vieltrinker. Die Polyphenole im Hopfen wirken entzündungshemmend und antioxidativ, was zur Reduzierung von Entzündungen und zur Verbesserung der Gefäßfunktion beitragen kann. Zudem kann der moderate Konsum von Alkohol die ›guten‹ HDL-Cholesterinwerte erhöhen, was die Verstopfung der Arterien verhindern kann.

Bier und Knochengesundheit

Bier enthält eine bemerkenswerte Menge an Silizium, einem Mineral, das für die Gesundheit der Knochen wichtig ist. Silizium spielt eine Schlüsselrolle bei der Bildung und Stärkung des Knochengerüsts. Einige Studien haben einen Zusammenhang zwischen mäßigem Bierkonsum und einer höheren Knochendichte festgestellt, insbesondere bei älteren Erwachsenen.

Bier und Verdauung

Bier kann auch positive Effekte auf die Verdauung haben. Die in Bier enthaltenen Ballaststoffe und Bitterstoffe des Hopfens können die Verdauung anregen und die Produktion von Verdauungssäften fördern. Außerdem können die in der Bierhefe enthaltenen probiotischen Kulturen die Darmflora unterstützen, was zu einer besseren Magen-Darm-Gesundheit beitragen kann.

Der Mythos des Bierbauchs

Eine der bekanntesten negativen Assoziationen mit Bier ist der sogenannte ›Bierbauch‹. Doch ist Bier wirklich der Übeltäter? Der Kaloriengehalt eines Bieres variiert je nach Sorte und

Alkoholgehalt, liegt aber im Durchschnitt bei etwa 150 Kalorien pro 0,33-Liter-Glas. Während regelmäßiger übermäßiger Konsum von kalorienreichen Getränken und Nahrungsmitteln sicherlich zur Gewichtszunahme beitragen kann, ist es oft die Gesamtheit der Ernährung und des Lebensstils, die für die Gewichtszunahme verantwortlich ist. Moderation und ein aktiver Lebensstil sind entscheidend, um das Risiko einer Gewichtszunahme durch Bier zu minimieren.

Bier und Krebsrisiko

Der Konsum von Alkohol wird oft mit einem erhöhten Krebsrisiko in Verbindung gebracht. Dies gilt auch für Bier, insbesondere wenn es in großen Mengen konsumiert wird. Alkohol ist ein bekannter Risikofaktor für verschiedene Krebsarten, darunter Mund-, Rachen-, Speiseröhren-, Leber-, Brust- und Dickdarmkrebs. Einige Studien haben jedoch gezeigt, dass die in Bier enthaltenen Polyphenole, wie Xanthohumol im Hopfen, krebshemmende Eigenschaften haben könnten. Trotz dieser potenziellen Vorteile sollte der Konsum von Bier aufgrund des allgemeinen Krebsrisikos in Maßen erfolgen.

Bier und mentale Gesundheit

Der moderate Konsum von Bier kann auch positive Auswirkungen auf die mentale Gesundheit haben. Alkohol kann in geringen Mengen entspannend wirken und helfen, Stress abzubauen. Darüber hinaus haben einige Studien Hinweise darauf gefunden, dass moderate Biertrinker ein geringeres Risiko für Depressionen haben könnten als Nichttrinker. Dies könnte mit den sozialen Aspekten des Biertrinkens und der allgemeinen Lebensqualität zusammenhängen.

Alkoholabhängigkeit und Missbrauch

Es ist wichtig zu betonen, dass Bier – wie alle alkoholischen Getränke – ein hohes Missbrauchspotenzial hat. Regelmäßiger und übermäßiger Konsum kann zu Alkoholabhängigkeit führen, die schwerwiegende gesundheitliche, soziale und psychologische Folgen haben kann. Die Weltgesundheitsorganisation empfiehlt, den Alkoholkonsum auf ein moderates Niveau zu beschränken: nicht mehr als ein Getränk pro Tag für Frauen und zwei Getränke pro Tag für Männer.

Zusammenfassung:

Ein ausgewogener Ansatz

Bier kann Teil einer gesunden Ernährung sein, wenn es in Maßen genossen wird. Es bietet eine Reihe von potenziellen gesundheitlichen Vorteilen, darunter positive Effekte auf das Herz, die Knochen und die Verdauung. Die Mythen rund um Bier, wie der ›Bierbauch‹, sind oft übertrieben und lassen sich durch eine ausgewogene Ernährung und einen gesunden Lebensstil relativieren. Gleichzeitig sollten die Risiken, insbesondere im Hinblick auf Krebs und Alkoholabhängigkeit, nicht unterschätzt werden.

Eine verantwortungsbewusste und maßvolle Herangehensweise an den Bierkonsum ermöglicht es, die positiven Aspekte dieses historischen und kulturell bedeutenden Getränks zu genießen, während potenzielle negative Auswirkungen minimiert werden. Bier ist mehr als nur ein Getränk – es ist ein Teil unserer Kultur und Geschichte, das in Maßen genossen werden kann, um sowohl seinen Geschmack als auch seine gesundheitlichen Vorteile zu schätzen.

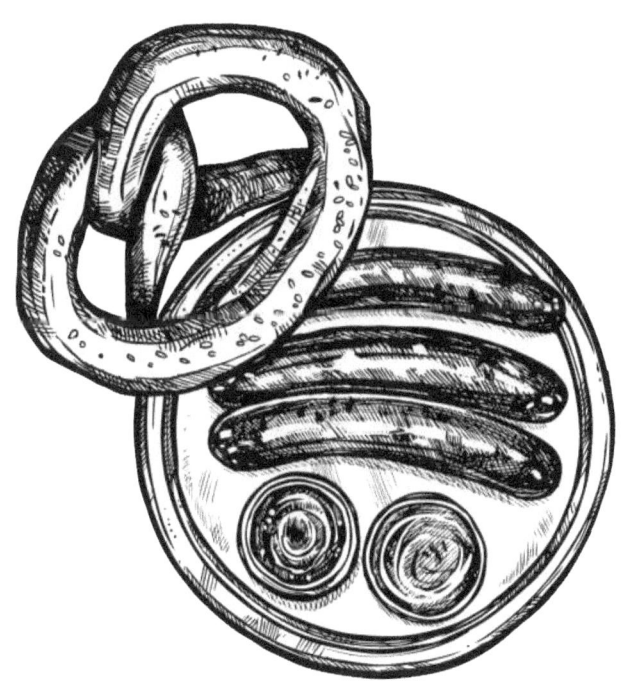

Die Zukunft des Bieres: Herausforderungen und Chancen im Zeitalter der Nachhaltigkeit

Die Bierindustrie steht an einem Scheideweg. Während der Klimawandel und die Ressourcenknappheit die globalen Herausforderungen des 21. Jahrhunderts verschärfen, sehen sich Brauereien gezwungen, ihre Produktion und Lieferketten neu zu denken. Gleichzeitig eröffnen innovative Technologien und ein wachsendes Bewusstsein für Nachhaltigkeit zahlreiche Chancen für die Branche. Dieses Kapitel beleuchtet die Herausforderungen und Chancen, die die Zukunft des Bieres im Zeitalter der Nachhaltigkeit prägen.

Klimawandel und Ressourcenknappheit

Der Klimawandel hat direkte Auswirkungen auf die Bierproduktion. Die wichtigsten Rohstoffe für Bier – Wasser, Gerste und Hopfen – sind stark von klimatischen Bedingungen abhängig. Steigende Temperaturen, unregelmäßige Niederschläge und extreme Wetterereignisse beeinträchtigen die Ernten und führen zu Preisschwankungen und Engpässen. Besonders der Wasserverbrauch stellt eine erhebliche Herausforderung dar, da die Bierproduktion große Mengen an Wasser benötigt. In wasserarmen Regionen und während Dürren wird die Versorgung zunehmend problematisch.

Brauereien müssen daher Wege finden, ihren Wasserverbrauch zu reduzieren und gleichzeitig die Effizienz ihrer Produktion zu steigern. Technologien zur Wassereinsparung und Wiederverwendung, wie etwa geschlossene Wasserkreislaufsysteme, gewinnen an Bedeutung. Auch die Züchtung dürreresistenter Gerstensorten und die Entwicklung von Hopfenpflanzen, die mit weniger Wasser auskommen, sind vielversprechende Ansätze.

Nachhaltige Produktionstechnologien

Die Brauereien der Zukunft setzen auf innovative Technologien, um ihre Produktionsprozesse nachhaltiger zu gestalten. Solar- und Windenergie sowie andere erneuerbare Energien werden vermehrt in den Produktionsanlagen genutzt, um den CO_2-Fußabdruck zu reduzieren. Energiesparende Brauverfahren, wie die Nutzung von Abwärme zur Beheizung der Braukessel, tragen ebenfalls zur Effizienzsteigerung bei.

Ein weiterer vielversprechender Bereich ist die Kreislaufwirtschaft. Hierbei geht es darum, Abfallprodukte der Bierproduktion zu minimieren und sinnvoll zu nutzen. Beispielsweise können die bei der Bierherstellung anfallenden Getreidereste als Tierfutter oder zur Herstellung von Biogas verwendet werden. Auch Verpackungsinnovationen, wie biologisch abbaubare Flaschen und Dosen, tragen zur Reduzierung des ökologischen Fußabdrucks bei.

Regionalität und lokale Wertschöpfung

Ein Trend, der sich bereits abzeichnet und in Zukunft an Bedeutung gewinnen wird, ist die Rückbesinnung auf lokale und regionale Produkte. Lokale Brauereien, die regionale Rohstoffe verwenden, reduzieren nicht nur den Transportaufwand und damit die CO_2-Emissionen, sondern unterstützen auch die lokale Landwirtschaft und Wirtschaft. Verbraucher legen zunehmend Wert auf die Herkunft und Produktionsweise ihrer Lebensmittel und Getränke, was regionalen Bieren einen Wettbewerbsvorteil verschafft.

Die Förderung von regionalen Wertschöpfungsketten kann auch die Widerstandsfähigkeit der Bierindustrie gegenüber globalen Lieferkettenstörungen erhöhen. Lokale Partnerschaften zwischen Brauereien und Landwirten schaffen Transparenz und Vertrauen, was in Krisenzeiten von unschätzbarem Wert ist.

Verbrauchertrends und Nachhaltigkeit

Der Bewusstseinswandel der Verbraucher hin zu mehr Nachhaltigkeit stellt die Bierindustrie vor neue Herausforderungen und Chancen. Immer mehr Konsumenten achten auf umweltfreundliche Produktion und nachhaltige Verpackungen. Brauereien, die auf Transparenz setzen und ihre nachhaltigen Praktiken kommunizieren, können sich von der Konkurrenz abheben und das Vertrauen der Verbraucher gewinnen.

Ein weiterer Trend ist die wachsende Nachfrage nach alkoholfreien und alkoholarmen Bieren. Diese Produkte haben nicht nur einen geringeren Kaloriengehalt, sondern ermöglichen auch den Genuss von Bier in verschiedenen Alltagssituationen, in denen Alkohol unpassend oder unerwünscht ist. Zudem tragen alkoholfreie Alternativen zur Diversifizierung des Produktportfolios bei und sprechen gesundheitsbewusste Konsumenten an.

Soziale Verantwortung und Gemeinschaft

Brauereien haben nicht nur eine ökologische, sondern auch eine soziale Verantwortung. Durch die Unterstützung lokaler Gemeinschaften, die Schaffung von Arbeitsplätzen und die Förderung kultureller Veranstaltungen können Brauereien einen positiven gesellschaftlichen Beitrag leisten. Viele Brauereien engagieren sich bereits in sozialen Projekten und fördern den verantwortungsvollen Umgang mit Alkohol.

Darüber hinaus spielen Brauereien eine wichtige Rolle bei der Bewahrung und Förderung von Bierkultur und -traditionen. In Zeiten der Globalisierung und der Massenproduktion tragen sie dazu bei, die Vielfalt und Einzigartigkeit des Bieres zu bewahren und zu feiern. Dies stärkt nicht nur die lokale Identität, sondern fördert auch den kulturellen Austausch und das Verständnis zwischen verschiedenen Regionen und Ländern.

Zukunftsperspektiven

Die Zukunft des Bieres im Zeitalter der Nachhaltigkeit ist vielversprechend, doch sie erfordert einen Paradigmenwechsel in der gesamten Branche. Brauereien müssen innovativ und flexibel sein, um den ökologischen und sozialen Herausforderungen gerecht zu werden. Die Integration von nachhaltigen Praktiken in alle Aspekte der Produktion – von der Rohstoffbeschaffung über die Herstellung bis hin zur Verpackung und Distribution – wird entscheidend sein.

Die Chancen, die sich daraus ergeben, sind vielfältig: von der Reduzierung der Betriebskosten durch effizientere Technologien bis hin zur Erschließung neuer Märkte durch nachhaltige und regionale Produkte. Verbraucher schätzen zunehmend Unternehmen, die Verantwortung übernehmen und nachhaltig wirtschaften. Dies kann zu einer stärkeren Kundenbindung und einem positiven Image beitragen.

In einer Welt, die sich immer mehr der Notwendigkeit von Nachhaltigkeit bewusst wird, hat die Bierindustrie die Möglichkeit, eine Vorreiterrolle einzunehmen. Durch die Kombination von Tradition und Innovation kann Bier nicht nur ein Genussmittel bleiben, sondern auch zu einem Symbol für nachhaltigen Fortschritt und soziale Verantwortung werden. Die Zukunft des Bieres liegt in den Händen derer, die bereit sind, diese Herausforderungen anzunehmen und die Chancen zu nutzen, die der Wandel mit sich bringt.

Schlusswort: Eine Hommage an das Bier

Das Bier, eines der ältesten und meist geschätzten Getränke der Menschheitsgeschichte, hat eine bemerkenswerte Reise hinter sich. Von den frühen neolithischen Entdeckungen der Fermentation über die meisterhaften Braukünste der Sumerer und Babylonier, die klösterliche Hingabe des Mittelalters, bis hin zur modernen Craft-Beer-Bewegung und den nachhaltigen Innovationen des 21. Jahrhunderts – das Bier hat sich stetig weiterentwickelt und dabei immer einen festen Platz in den Herzen und Kulturen der Menschen gefunden.

Eine Reise durch die Zeit

Bier war nie nur ein Getränk. Es war und ist ein soziales Bindeglied, ein kulturelles Symbol und ein technologisches Wunderwerk. In Mesopotamien diente es als Geschenk der Götter und war in religiösen Zeremonien verankert. Im alten Ägypten war es nicht nur ein Grundnahrungsmittel, sondern auch eine Opfergabe, die den Göttern dargebracht wurde, um Wohlstand und Schutz zu erbitten.

Während der griechischen und römischen Antike wurde Bier oft als Getränk der Barbaren abgetan, doch in den nördlichen Regionen Europas blühte die Bierkultur auf, insbesondere bei den Kelten und Germanen. Diese Traditionen legten den Grundstein für die europäische Braukultur, die im Mittelalter von den Klöstern zur Perfektion gebracht wurde. Die Mönche verfeinerten die Brautechniken und trugen maßgeblich zur Verbreitung von Wissen und Qualität bei.

Die moderne Ära des Bieres

Mit der Industrialisierung erlebte die Bierproduktion einen beispiellosen Wandel. Technologische Fortschritte ermöglichten die Massenproduktion und die Entstehung großer Brauereien, die Bier zu einem weltweit verfügbaren Konsumgut machten. Die Wissenschaft, insbesondere durch die Arbeiten von Louis Pasteur, revolutionierte das Verständnis der Fermentation und legte den Grundstein für die moderne Mikrobiologie.

Die Craft-Beer-Bewegung der letzten Jahrzehnte hat das Bier erneut transformiert. Sie brachte eine Rückbesinnung auf handwerkliche Traditionen und experimentelle Braukunst mit sich, die die Vielfalt und Kreativität in der Bierproduktion förderte. Mikrobrauereien schossen weltweit aus dem Boden und bereicherten den Markt mit einzigartigen, oft lokal inspirierten Biersorten.

Eine Zukunft voller Möglichkeiten

Im Zeitalter der Nachhaltigkeit steht die Bierindustrie vor neuen Herausforderungen, aber auch vor aufregenden Möglichkeiten. Der Klimawandel und die Ressourcenknappheit fordern innovative Lösungen und ein Umdenken in der Produktion. Doch wie die Geschichte zeigt, ist das Bier und die damit verbundene Kultur wandlungsfähig und stets in der Lage, sich an neue Gegebenheiten anzupassen.

Brauereien setzen verstärkt auf nachhaltige Praktiken, erneuerbare Energien und regionale Wertschöpfung. Verbraucher verlangen Transparenz und umweltfreundliche Produkte, was zu einer positiven Veränderung in der Branche führt. Die Kombination von Tradition und Innovation wird die Zukunft des Bieres prägen und neue, spannende Wege eröffnen.

Eine persönliche Note

Als Autor dieses Buches blicke ich mit Faszination und Bewunderung auf die Geschichte und Entwicklung des Bieres. Es ist erstaunlich zu sehen, wie dieses einfache Getränk, das aus den grundlegenden Zutaten Wasser, Malz, Hopfen und Hefe besteht, eine solch reiche und vielseitige Kultur hervorgebracht hat. Bier verbindet Menschen über Zeit und Raum hinweg, schafft Gemeinschaft und stiftet Identität.

Für mich persönlich ist Bier mehr als nur ein Getränk. Es ist ein Symbol für menschliche Kreativität und Anpassungsfähigkeit. Es erzählt Geschichten von Entdeckungen und Innovationen, von Kultur und Gemeinschaft. Dieses Buch ist eine Hommage an das Bier, ein Ausdruck meiner Wertschätzung für seine Vergangenheit und meine Hoffnung für seine Zukunft.

Möge das Bier weiterhin Menschen zusammenbringen, Inspiration und Freude spenden und sich immer wieder neu erfinden – in der Tradition seiner langen Geschichte und im Angesicht der Herausforderungen und Chancen, die vor uns liegen. Prost auf die Zukunft des Bieres!

Über den Autor

Lutz Spilker wurde im Jahre 1955 in Duisburg geboren.

Bevor er zum Schreiben von Romanen und Dokumentationen fand, verließen bisher unzählige Kurzgeschichten, Kolumnen und Versdichtungen seine Feder.

In seinen Büchern befasst er sich vorrangig mit dem menschlichen Bewusstsein und der damit verbundenen Wahrnehmung. Seine Grenzen sind nicht die, welche mit der Endlichkeit des Denkens, des Handelns und des Lebens begrenzt werden, sondern jene, die der empirischen Denkform noch nicht unterliegen.

Es sind die Möglichkeiten des Machbaren, die Dinge, welche sich allein in der Vorstellung eines jeden Menschen darstellen und aufgrund der Flüchtigkeit des Geistes unbewiesen bleiben. Die Erkenntnis besitzt ihre Gültigkeit lediglich bis zur Erlangung einer neuen und die passiert zu jeder weiteren Sekunde.

Die Welt von Lutz Spilker beginnt dort, wo zu Beginn allen Seins nichts Fassbares war, als leerer Raum. Kein Vorne, kein Hinten, kein Oben und kein Unten. Kein Glaube, kein Wissen, keine Moral, keine Gesetze und keine Grenzen. Nichts.

In Lutz Spilkers Romanen passieren heimtückische Morde ebenso wie die Zauber eines Märchens. Seine Bücher sind oftmals Thriller, Krimi, Abenteuer, Science Fiction, Fantasy und selbst Love-Story in einem.

»Ich liebe die Sprache: Sie vermag zu streicheln, zu liebkosen und zu Tränen zu rühren. Doch sie kann ebenso stachelig sein, wie der Dorn einer Rose und mit nur einem Hieb zerschmettern.«

In dieser Reihe sind bisher erschienen

Die Erfindung des freien Willens
Die Erfindung des Wahrsagens
Die Erfindung der Körpersprache
Die Erfindung des Schlafs
Die Erfindung der Sklaverei
Die Erfindung der Angst
Die Erfindung der Vernunft
Die Erfindung des Vollmonds
Die Erfindung des Vitamin B
Die Erfindung des Make-Up
Die Erfindung des Weihnachtsfestes
Die Erfindung des Ku-Klux-Klan
Die Erfindung des Träumens
Die Erfindung der Flaschenpost
Die Erfindung der Mafia
Die Erfindung der Freimaurer
Die Erfindung der Freibeuter
Die Erfindung der Raumfahrt
Die Erfindung der Tempelritter
Die Erfindung des ADHS-Syndroms
Die Erfindung der Homöopathie
Die Erfindung der Freizeitparks
Die Erfindung des Werwolfs
Die Erfindung des Astralkörpers
Die Erfindung des Zölibats
Die Erfindung des Herkules
Die Erfindung des Vampirs
Die Erfindung der Philosophie
Die Erfindung des Bieres

MIX

Papier | Fördert
gute Waldnutzung

FSC® C083411

Zeitfracht Medien GmbH
Ferdinand-Jühlke-Straße 7
99095 Erfurt, Deutschland
produktsicherheit@kolibri360.de